El Ayuno:
Una cita con Dios

El poder espiritual y los grandes
beneficios del ayuno

Diana Baker

Contenido

Una Cita Con Dios

¿Qué es el ayuno?

El ayuno es una cita con Dios porque es una búsqueda de Dios, es el deseo de tener un encuentro personal con el Padre.; es tener sed de Dios y querer más de Él y estar dispuesto a buscarle mediante un sacrificio. Muchos quieren la bendición de Dios pero, pocos están dispuestos a pagar el precio de esa bendición.

David entendió que a Dios se le debe dar lo mejor y lo expresó así:

"...porque no ofreceré al Señor mi Dios sacrificio que no me cueste nada." (2 Samuel 24:24)

Yiye Ávila dice que el ayuno es:

* "Un instrumento poderoso para conquistar pleno crecimiento espiritual.

* El medio para provocar un avivamiento.

* El instrumento para romper los yugos del diablo y dar fruto grande para Dios."

La palabra *ayuno* viene de la palabra hebrea *tsuwm* que significa cubrir la boca. Habla de un silencio especial, un silencio santo.

Nuestra boca es la herramienta más grande que poseemos para nuestra propia destrucción. Con ella no solamente destruimos a otras personas, sino también a nosotros mismos. Nuestro apetito insaciable, llevó a nuestros primeros padres, Adán y Eva, a la transgresión y sumergió a la raza humana en pecado. Ella *"me dio del árbol y comí"* se quejó Adán. *"La serpiente me engañó y comí"* repitió Eva.

Por alguna razón extraña, Dios ha tomado la misma cosa - el comer - que fue causa de nuestra caída y que el hombre perdiera el poder y dominio sobre ella, y la ha transformado para que, absteniendo de comer —ayunar - podamos entrar de nuevo en una dimensión nueva de la unción de Dios en nuestras vidas y ser restaurados del dominio sobre el pecado y la maldad. El ayuno, pues, es simplemente: no comer.

Este libro tiene como fin exponer los beneficios del ayuno como una práctica agradable a Dios y dentro de

Su voluntad. No obstante sabemos que los seguidores de Satanás también ayunan para lograr sus propósitos que incluye destruir a todos los que aman a Dios.

Que al leer estas líneas Dios te guíe a un mayor conocimiento del gran poder que trae un ayuno realizado para Dios y se aumente en ti el deseo de ser útil en las manos del Padre mediante la efectividad de este arma.

El ayuno en la Biblia

* Moisés ayunó dos periodos de 40 días (80 días en total) en el monte Horeb sin comer ni tomar agua. (Deuteronomio 9:9-18)

* Ester y el pueblo judío ayunaron 3 días sin alimento y sin líquidos. (Ester 4:16)

* Daniel ayunó 21 días sin comer carne, ni vino, ni manjar delicado. (Daniel 10:2, 3)

* Jesús ayunó 40 días sin comer. (Lucas 4:2)

Hay 35 registros de ayuno en la Biblia. Por la lista completa ver el Apéndice.

Diferentes maneras de ayunar

Hay distintas maneras de ayunar y esta será una decisión personal: discernir la guía de Dios en la cantidad de días y cómo se hará el ayuno.

El cuerpo puede pasar mucho tiempo sin comer pero sólo pocos días sin agua, generalmente no más de tres. Por lo tanto el ayunar sin agua, es una medida excepcional para una situación excepcional. Se sabe que en casos de extrema necesidad, cuando no se ha solucionado con un ayuno normal, uno puede sentirse guiado por Dios a hacer un ayuno sin agua.

Al ayunar, se aconseja, tomar toda el agua deseado. No puedes tomar demasiado; puede ser alrededor de 2 litros por día. Debe ser agua mineral templada, no fría.

Se puede ayunar varios días, un día o simplemente una comida – en ese caso sería un ayuno parcial.

Uno puede negarse una comida, todos los días por un periodo de tiempo.

Uno puede ayunar con agua solamente o con líquidos solamente como jugo de fruta diluida y caldo.

El ayuno de Ester fue un ayuno total: sin alimento y sin agua por el período de tres días. (Ester 4:16) Este ayuno requerirá más reposo pero Dios da la fuerza y la habilidad para lograrlo.

El ayuno de Daniel fue un ayuno parcial ya que consistía en negarse a las cosas más ricas. Daniel 10:3 nos dice que por 21 días Daniel no comió *"manjar delicado, ni entró en mi boca carne ni vino."* Seguramente Daniel hizo un ayuno parcial de verduras y legumbres.

Dios tiene propósitos diferentes para cada persona por lo tanto es necesario buscar la guía del Señor para que Él establezca tu ayuno – cómo será el ayuno y por cuánto tiempo.

A veces se convoca a un ayuno congregacional dentro de la iglesia. Aún en ese caso el ayuno puede variar según la salud de cada persona, o su edad o disposición.

El ayuno, un ejercicio espiritual

Dijimos que el ayuno era un encuentro con Dios. Dios no encomendará Su poder espiritual a aquel que no se ha entrenado en la disciplina de la negación a sí mismo. Muchos hombres y mujeres que Dios ha usado en ministerios grandes han empezado ese ministerio buscando más de Dios en un ayuno prolongado.

Ayunar es importante pero se debe hacer con un corazón puro y una motivación correcta. De esa manera el ayuno puede proveernos con una llave para abrir puertas que otra llave no pudo abrir; puede ser como una ventana abriéndose a horizontes nuevos en el mundo espiritual o un arma espiritual - *"poderosa para derribar fortalezas"* - que provee Dios.

Jesús ayunó

Tal vez estás pensando que el ayunar fue una práctica sólo del Antiguo Testamento o en tiempos bíblicos pero no es para hoy. Pues haré una pregunta: ¿Por qué ayunó Jesús? ¿Por qué era necesario que Jesús estuviera sin comer esos 40 días en el desierto? (Mateo 4:2; Lucas 4:2) ¿No le podrían haber ministrado los ángeles como lo habían hecho con Elías, trayéndole pan y carne por la mañana y tarde? (1 Reyes 17)

Cuando Jesús se apartó al desierto, rompió lazos con el mundo y con la carne. En ese momento no le interesó la comida ni las preocupaciones del mundo sino que Su objetivo era tener comunión con Su Padre. Por fin estaba a solas con Su Padre - esta era Su cita con el Padre y constituía la preparación para Su ministerio. No sabemos los detalles de esa comunión pero seguramente Jesús recibió órdenes para Su ministerio público, y es en ese momento tan especial y crucial para Jesús que viene Satanás a intentar robar esa unción que estaba recibiendo - quiso anular aquel llamado y usarlo para la gloria de su propio reino.

¿Jesús estaba débil por la falta de alimento? No, estaba más fortalecido que nunca. Pues el ayuno lejos de debilitar, fortalece nuestro espíritu y así Jesús estuvo en óptimas condiciones para enfrentarse a la tentación. Él había pagado el precio, había ganado la victoria y Satanás fue vencido.

Si para Jesús fue vital ayunar, ¿no será también importante para nosotros hacer lo mismo?

Jesús salió del desierto con el poder y la unción del

Espíritu Santo, habiendo vencido la tentación y tenía la palabra de autoridad que sanaría a los enfermos, limpiaría a los leprosos, levantaría a los muertos y calmaría las tormentas. ¿No quieres tú lo mismo? ¿No quieres el poder y la unción del Espíritu Santo para que la vida cristiana no sea algo común y mediocre? ¿No deseas entrar en el dominio de poder divino de Dios? El ayuno puede ser el comienzo de algo muy especial en tu vida.

Lo que dijo Jesús sobre el ayuno

Jesús no pensó que el ayuno estaba pasado de moda. Él dijo:

"Cuando des limosnas... cuando ores... cuando ayunéis." Mateo 6:2, 5,16

El no dijo: si oras, si ayunas. Él tomaba por sentado que uno sabe que tiene que dar, tiene que orar y tiene que ayunar. No dijo Jesús: si oras, como si fuera algo opcional; tampoco dijo: si ayunas, como si el ayuno fuera algo que los discípulos podían sentirse guiados a hacer o no, o como si fuera algo que se aplicara solamente a una selecta minoría de apóstoles, profetas, predicadores o dirigentes. Sino que, de modo inequívoco, categórico y sin reservas declaró a la gran masa de sus discípulos: *"cuando ayunéis..."* No dejó lugar a dudas de que daba por sentado que se ejercitarían en obedecer la dirección del Espíritu en ayunar, tanto como en orar y dar cuando la ocasión lo requiriera.

Jesús ayunó, necesitó ayunar, sabía que era imprescindible ayunar en algunos casos. No podemos pensar que podemos nosotros prescindir del ayuno. ¡Cuánto más a nosotros el ayuno es necesario!

Es significativo que el Señor trata sobre el ayuno como un ejercicio espiritual distinto de la oración. Aunque el ayunar y el orar, por lo general, son dos cosas que a menudo van unidas, tanto en las Escrituras como en la experiencia, no siempre es así. No deberíamos pensar en ayunar como si el ayuno fuera una cosa semi-independiente, siempre unida a la oración. Todo lo contrario, el ayuno en ocasiones puede cumplir un propósito espiritual de por sí.

Así como puede haber oración sin ayuno, también en ocasiones puede haber ayunos verdaderamente aceptables a Dios sin oración, al menos en el sentido de intercesión.

En el ayuno que se relata en el libro de Ester, no hay ninguna mención de que el mismo fuera acompañado de oración. En el ayuno de los profetas y maestros de Antioquia (Hechos 13:2) leemos que ayunaron y ministraron al Señor pero no se menciona de que pasaran este tiempo en oración.

El hecho de que uno no pueda dedicarse a la oración durante el tiempo que dure el ayuno no significa que este periodo sin oración específica carezca de valor espiritual. Ayunar tiene muchos otros propósitos además del muy importante propósito de facilitar la intercesión.

La segunda declaración importante que Jesús hiciera respecto al ayuno fue dada en respuesta a una pregunta de los discípulos de Juan el Bautista:

"¿Por qué nosotros y los fariseos ayunamos, y tus discípulos no ayunan?" Jesús les dijo: "¿Acaso pueden los que están de bodas tener luto entre tanto que el esposo está con ellos? Pero vendrán días cuando el esposo les será quitado, y entonces ayunarán." (Mateo 9:14, 15)

Aunque hubo ocasiones cuando Jesús y los discípulos pasaron hambre o cuando a causa de las demandas de la obra no tenían suficiente tiempo libre para comer, no tenemos evidencias de que Él o los discípulos ayunaran específica y voluntariamente fuera de los 40 días que Él pasó en el desierto con anterioridad a la iniciación de Su ministerio público. Jesús les explica el por qué: El esposo todavía estaba con ellos, los invitados a las bodas; este era tiempo de regocijo, no de ayuno; era época de alegría, no de tristeza.

El ayuno para hoy día

Un nuevo día había amanecido y el reino de Dios se había acercado. El viejo orden con sus ritos, ceremonias y esclavitud legalista había terminado para siempre. Aun cuando el esposo les fuera quitado, no volverían al legalismo ni al ascetismo del viejo orden.

Aunque los discípulos volverían a ayunar, lo harían por motivos diferentes, y con un espíritu distinto del que caracterizaba el ayuno de los fariseos o aún el ayuno de Juan el Bautista. Como Jesús siguió explicándoles, el viejo odre judaico no era un receptáculo apropiado para el nuevo vino del Espíritu.

Antes de partir, el Esposo les prometió que vendría otra vez para recibirlos a sí mismo. La Iglesia todavía espera oír el clamor de medianoche:

"¡Aquí viene el esposo; salid a recibirle!" (Mateo 25:6)

Esta es la era de la iglesia la cual constituye el periodo del esposo ausente. Es ésta la era de la Iglesia a la cual se refirió nuestro Señor cuando dijo *"entonces ayunarán"*. ¡Ahora es el tiempo!

Estas palabras de Jesús eran proféticas. Los primeros cristianos las cumplieron y lo mismo han hecho muchísimos santos varones y mujeres en las generaciones que les siguieron. ¿Dónde están aquellos que las cumplen hoy día? Desgraciadamente son demasiado pocos. Son la excepción más bien que la regla, para la gran pérdida de la Iglesia.

Pero está surgiendo una nueva generación que se siente preocupada por recobrar el poder apostólico. ¿Cómo podremos recobrar el poder apostólico si descuidamos las prácticas apostólicas? ¿Cómo esperar que fluya el poder si no preparamos los canales para ese poder? El ayuno es un medio divinamente señalado para que pueda fluir Su gracia y poder, y no podemos permitirnos el descuidarlo por más tiempo.

El ayuno de esta era no es un acto de aflicción por la ausencia de Cristo sino uno de preparación para Su venida. Dios quiera que estas palabras proféticas *"entonces ayunarán"* sean cumplidas finalmente en esta generación. Será una Iglesia que ayuna y que ora la que escuchará el emocionante clamor: *"¡Aquí viene el esposo!"* Las lágrimas serán enjugadas y el ayuno será seguido por los festejos de la cena en las bodas del Cordero.

Cuando ayunes

En Mateo 6:16-18 Jesús habla del ayuno:

"Cuando ayunes, cuando por un motivo espiritual te abstengas de tomar alimento, no lo hagas en público como los hipócritas, que tratan de lucir pálidos y desaliñados para que la gente se dé cuenta que ayunaron. Te aseguro que, aparte de esto, no tendrán recompensa. Pero cuando ayunes, vístete de fiesta, para que nadie, excepto tu Padre, se dé cuenta de que tienes hambre. Y tu Padre, que conoce todos los secretos, te recompensará." (LBDI)

El día de la expiación era el único ayuno habitual que ordenara la ley de Moisés. Para la época de Cristo los fariseos habían desarrollado esta práctica del ayuno regular y la habían convertido, igual que cualquier otra cosa espiritual sobre la que ponían sus manos, en una esclavitud legal. Por lo tanto, Jesús nos presenta un cuadro del fariseo típico como de un hombre que se jacta en su oración y dice:

"Yo ayuno dos veces por semana." (Lucas 18:11,12)

Siempre está latente el peligro de que cualquier ejercicio espiritual que se haga por costumbre se convierta en una forma vacía, en un ritual carente de significado espiritual, pero no podemos rechazar la práctica del ayuno regular a causa de este peligro. No hemos abandonado los momentos regulares de oración o la costumbre de dar regularmente a Dios, por el hecho de que los fariseos también abusaron de eso. El ayuno regular no necesita convertirse en algo ritualista como tampoco lo es la oración constante.

Es necesario recalcar que el ayuno, sea regular u ocasional, es un asunto entre el hombre y Dios. No hay fórmula para decir cómo se hace ni por cuanto tiempo. Eso lo decidirá el Espíritu Santo, y cada ayuno será distinto. Siempre y cuando procuremos que el hábito de ayunar no se convierta en una forma carente de espíritu y vida, y que no tratemos de imponer nuestro corazón sobre otros, encontraremos en el ayuno regular un valor positivo y real. No sólo nos proporciona una oportunidad sistemática para un autoexamen espiritual, sino que es también un valioso medio para conservar aquella cada vez más preciosa conveniencia llamada 'tiempo'.

Un ayuno regular, una vez a la semana, puede significar que el tiempo que empleamos para comer tres o cuatro veces, digamos unas dos horas, lo recuperamos de nuestra atareada rutina y lo empleamos más específicamente en el reino de Dios, especialmente en el gran ministerio de la oración. Este puede ser un instrumento significativo para bendición de otros.

Resistir el enemigo

Mateo 17: 19-21 y Marcos 9:28 y 29 son otras afirmaciones de Jesús respecto al ayuno:

"Este género con nada puede salir, sino con oración y ayuno."

Anteriormente Jesús les había dicho que no pudieron liberar el muchacho endemoniado por su falta de fe. *"Este género"* significa este tipo de demonio, pues hay distintos tipos de demonios, pero éste tipo sólo saldría por oración y ayuno y éste sería el remedio para la falta de fe. Así que si te falta la fe, ora y ayuna.

El ayuno y la oración nos dan la autoridad y poder para reprender demonios. Cristo dijo:

"En mi nombre echarán fuera demonios." (Marcos 16:17)

El ayuno del Señor es la forma más efectiva para recibir unción especial contra el diablo. Jesús mostró que para tener fe había que ayunar y orar.

El plan del diablo es impedir que tú ayunes, y robarte el

tiempo que necesites para afirmarte en Cristo y madurar espiritualmente (Lucas 21: 34). Los creyentes debemos clamar a Dios constantemente por unción y fortaleza para realizar el ayuno.

Vemos así, por lo que dijo Jesús, que el ayuno no es cuestión de si tú lo deseas hacer o no, sino que es un precepto establecido por el Señor para Su pueblo.

Cada creyente debe:

1. Hacer una decisión delante de Dios de ayunar con mayor frecuencia.

2. Pedir a Dios que le guíe y le muestre cuál es la cantidad de días que debe ayunar.

3. Pedir a Dios que le muestre de qué forma debe hacerlo para alcanzar la plena madurez espiritual que necesita.

John Dawson en su libro: "La Reconquista De Tu Ciudad", en un capítulo titulado: "Resiste la Tentación", dice del ayuno:

> "Cuando resistimos al diablo, por fe manifestamos el aspecto del carácter de Cristo opuesto a la tentación que enfrentamos. Veamos, por ejemplo, la declaración de Jesús respecto de un espíritu maligno en particular.
>
> *"Pero este género no sale sino con oración y ayuno"* (Mateo 17:21)

La amonestación de abstenerse de comida, probablemente se debió a que los discípulos estaban tratando con un demonio del apetito, como la lujuria o la glotonería. El poder de Dios estaba contenido hasta que se entregasen aún más al control del Espíritu Santo mediante un paso de obediencia en particular, un paso involucrado al espíritu opuesto, un espíritu de dominio propio.

El ayuno, no obstante, tiene un significado mayor como medio de vencer al enemigo. El ayuno es muy difícil de hacer, y cuando ayunamos debemos acudir a Cristo en busca de ayuda.

Cuando ayunas y tu cuerpo te pide comida, sabes que necesitas la gracia de Dios para no desistir. Negar tu apetito se convierte en una intensa batalla personal. El hambre y la debilidad me humillan; con desesperación necesito de la gracia para mantener mi compromiso de abstenerme de alimento. La pobreza de mi autosuficiencia queda expuesta, y en lugar de ella se revela la suficiencia de Cristo.

La aplicación de la cruz siempre manifiesta el poder de la resurrección. Somos crucificados con Cristo, y nuestra vieja naturaleza es destruida. Entonces, la vida de Cristo reside en nuestra vida en victoria. Este es el principio del cambio de vida: Su vida por la mía, Su fuerza perfeccionada cuando yo reconozco mi debilidad.

"Ya no vivo yo, mas vive Cristo en mí" (Gálatas 2:20).

"Porque separados de mi nada podéis hacer" (Juan 15:5).

Cuando hayamos discernido la actividad de un principado con una característica en particular, necesitamos cultivar la característica opuesta, no sólo resistiendo la tentación sino demostrando la acción positiva."

Veamos lo que dice Héctor Torres en su libro "Derribemos Fortalezas", y en el capítulo "Destruye Fortalezas Con El Ayuno":

* "El ayuno es negar nuestra carne y sus deseos, para enfatizar nuestra oración dándole más poder.

* Es un compromiso ante Dios de tener dominio propio (templanza) sobre las pasiones por la comida y el apetito. Es mortificar o dar muerte a lo que es excesivo.

* El ayuno aumenta nuestra sensibilidad espiritual para oír la voz del Espíritu Santo.

* El ayuno nos llena del poder del Espíritu Santo. La Biblia nos dice en Lucas 4 que *"Jesús regresó a Galilea lleno del poder del Espíritu Santo."*

El Propósito del Ayuno

Gwen Shaw dice que: "Nuestro propósito de ayunar debe ser uno de amor."

Isaías dijo (58:1-12) que nuestra razón de ayunar no debe ser el cumplimiento de ceremonias tradicionales - ni para satisfacción de nuestro orgullo espiritual, ni para manipular a Dios esperando forzarle a que haga algo que nosotros queremos.

Nuestro ayuno debe ser un 'ayuno de amor' para que podamos llevar sanidad de Dios a la humanidad.

Hay muchas cosas que deben resultar de nuestro ayuno, o sea, que nuestro ayuno afectará muchas áreas en beneficio de nuestra vida o la de los demás.

Debemos ayunar por obtener la fuerza de desatar las ligaduras de la maldad. El poder de Satanás y de sus demonios debe ser destruido en nuestras vidas, y en las vidas de nuestros seres queridos y de nuestra nación.

Ayunamos por el poder de levantar de los hombros del hombre la carga de las enfermedades, el sufrimiento y el pecado.

Ayunamos para que Dios nos dé un corazón misericordioso para que vistamos a los desnudos y tengamos pan para compartir con los hambrientos.

Ayunamos para que Dios nos dé Su llamamiento a liberar a los cautivos. Si tenemos ojos de amor veremos que muchos de los que amamos se encuentran en toda clase de prisiones.

En estos días cuando tantos países persiguen a nuestros amados hermanos en la fe, debemos imponernos la carga de ayunar y orar por ellos.

El ayuno es una señal de hambre interior por Dios

El salmista en Salmo 42: 1, y 2 describió su insaciable hambre por Dios:

"Como el ciervo brama por las corrientes de las aguas, así clama por ti, oh Dios, el alma mía. Mi alma tiene sed de Dios, del Dios vivo."

Que nuestro ayuno no sea para perder peso, para una belleza exterior, ni para ver milagros, sino por una búsqueda de Dios: para conocerle, para verle, para sentirle y para llegar a ser como Él.

A medida que Él es engrandecido en nuestras vidas, nosotros menguamos, nos vemos tal cual somos: pequeños, débiles y sin nada que ofrecer de valor. Pero es en esta debilidad nuestra, cuando reconocemos que nada podemos hacer sin Él, es allí cuando Dios nos puede usar con efectividad. Podemos hacer muchas obras en nuestros propios talentos y esfuerzos pero cuando se hacen con Su poder la gloria es para Él y tiene un valor eterno.

Mantengamos puros nuestros motivos para ayunar. Recuerden que aún los satanistas y personas que adoran dioses falsos también ayunan. Los sacerdotes indostanos que son dedicados a sus ídolos ayunan para obtener mérito y poder.

En los días de los profetas del Antiguo Testamento había profetas falsos que ayunaban, pero no por ello Dios les dijo a Su pueblo que dejaran de ayunar sino que les dio (Isaías 58: 6) un ayuno santo que desataría las ligaduras de impiedad, soltaría cargas pesadas, dejaría ir libres a los oprimidos y rompería todo yugo.

¿Qué motiva mi ayuno?

Gran parte de nuestro modo de pensar está condicionado por principios egocéntricos: ¿Qué es lo que conseguiré si ayuno?

Aún en nuestros deseos y aspiraciones espirituales el 'yo' todavía puede estar entronizado. 2 Corintios 5: 15 dice:

"Cristo por todos murió para que los que viven, ya no vivan para sí, sino para aquel que murió y resucitó por ellos."

Es necesario que nuestra motivación espiritual gire en torno a Cristo y no sobre nosotros mismos.

Con frecuencia se le da mucho énfasis al ayuno para beneficio personal, para recibir poder, para los dones espirituales, para sanidad física, para contestaciones a las oraciones y se olvida que el ayuno es para Dios.

Dios no se preocupa meramente por todo lo que hacemos sino más bien por qué lo hacemos. Le interesa más el motivo de nuestras acciones.

Una buena acción con motivos equivocados

Una acción correcta puede carecer de valor a los ojos de Dios si obramos con motivos equivocados. Por eso vemos en Isaías 58 que Dios no acepta el ayuno ofrecido por su pueblo porque ayunaban como una demostración de su propia piedad, ayunaban por intereses propios y una búsqueda personal. Veamos Isaías 58:1 y 2.

"El Señor me dijo: Grita fuertemente, sin miedo, alza la voz como una trompeta: reprende a mi pueblo por sus culpas, al

pueblo de Jacob por sus pecados.

Diariamente me buscan y están felices de conocer mis caminos, como si fueran un pueblo que hace el bien y que no descuida mis leyes; y piden leyes justas y se muestran felices de acercarse a mí."
(TLA)

Dios le pide al profeta que le muestre al pueblo sus culpas; no debía ser blandos con ellos y tener miedo de que se enojaran. Aparentemente era un pueblo muy piadoso y no pensaban que podían tener reproche alguno pues:

* *"Diariamente me buscan."* Van a todas las reuniones y cumplen con sus obligaciones. Así también hacen los hipócritas y tienen su recompensa.

* *"Están felices de conocer mis caminos."* Se gozan cuando viene un buen predicador y aplauden su mensaje.

* *"Me piden leyes justas."* Aparentan amar la justicia, aparentan que obran justicia para con Dios y con los hombres, y que hacen su deber como hijos de Dios.

* *"Se muestran felices de acercarse a mí."* Pero no se acercan para buscar verdaderamente más de Dios sino que quieren aparentan ante los demás que son espirituales.

Este pueblo se creía bueno, se creía justificado ante Dios pero detrás de esa religiosidad y aparente piedad había pecado.

Veamos ahora las cosas por las cuales Dios los reprende. Seguimos en Isaías 58: 3-5:

"Y sin embargo dicen: ¿para qué ayunar, si Dios no lo ve? ¿Para qué sacrificarnos, si Él no se da cuenta? El día de ayuno lo dedican ustedes a hacer negocios y a explotar a sus trabajadores;

El día de ayuno lo pasan en disputas y peleas y dando golpes criminales con los puños. Un día de ayuno así no puede lograr que yo escuche sus oraciones.

¿Creen que el ayuno que me agrada consiste en afligirse, en agachar la cabeza como un junco y en acostarse con ásperas ropas sobre la ceniza? ¿Eso es lo que ustedes llaman "Ayuno", y día agradable al Señor?" (TLA)

Este pueblo ayunaba, pero, se quejaba que Dios no les escuchaba sus plegarias, que no veía sus sacrificios. Pero Dios les aclaró, que mientras ayunaban, al mismo tiempo:

* Se quejaban de Dios v.3

* Se sacrificaban o se humillaban para atraer la atención de Dios v.3-5

* Hacían sus negocios o satisfacían sus propios placeres

* Explotaban a sus obreros

* Andaban en disputas y peleas v.4

* Y aún peleaban con golpes por maldad e iniquidad

* Se afligían, es decir, hacían penitencia para ser vistos por los demás v.5

* Agachaban la cabeza y se acostaban con ropas ásperas y sobre ceniza, todo para causar impresión a los demás y aparentar ser muy espirituales.

Una motivación correcta

No es que el ayuno no sea importante para Dios, pero hay que hacerlo con la correcta motivación.

No es de valor tomar el ayuno como una fórmula y pensar que la bendición de Dios es automática. Dijimos al comienzo que el ayuno es algo tan especial como un encuentro con Dios; es sentir Su corazón y en Su corazón no existe ni un puntito de maldad sino que está lleno, lleno de amor - un amor que se da hacia el prójimo.

Y eso es lo que Dios espera de nosotros: que podamos ver a nuestro prójimo con todo el amor que Él tiene por eso en los versículos que siguen veremos que el corazón de Dios se derrama en amor por el hombre y sus necesidades. Y nosotros debemos reflejar el gran amor de Dios, y en la práctica demostrar Su gran amor haciendo nosotros buenas obras, buenas acciones y ayudando a los demás.

El propósito de un ayuno es honrar y agradar a Dios y para humillarnos delante de Él.

Si no expresamos arrepentimiento genuino por el pecado, si no buscamos afligir (Salmo 35: 13) nuestra corrupta naturaleza (que siempre busca vanagloriarse), no es un ayuno genuino.

El ayuno que agrada a Dios

Veamos cómo podemos agradar a Dios. Sigamos con Isaías 58:6-12:

"El ayuno que a mí me agrada es que liberen a los presos encadenados injustamente, es que liberen a los esclavos, es que dejen en libertad a los maltratados y que acaben con toda injusticia; es que compartan el pan con los que tienen hambre, es que den refugio a los pobres, vistan a los que no tienen ropa, y ayuden a los demás.

Los que ayunan así brillarán como la luz de la aurora, y sus heridas sanarán muy pronto. Delante de ellos irá la justicia y detrás de ellos, la protección de Dios.

Si me llaman, yo les responderé; si gritan pidiendo ayuda, yo les diré: "Aquí estoy". Si dejan de maltratar a los demás, y no los insultan ni los maldicen;

Si ofrecen su pan al hambriento y ayudan a los que sufren, brillarán como luz en la oscuridad, como la luz del mediodía.

Yo los guiaré constantemente, les daré agua en el calor del desierto, daré fuerzas a su cuerpo, y serán como un jardín bien regado, como una corriente de agua.

Reconstruirán las ruinas antiguas, reforzarán los cimientos antiguos, y los llamarán: "Reparadores de muros caídos", "Reconstructores de casas en ruinas". (TLA)

En estos versículos no sólo encontramos lo que Dios espera de nosotros, sino las grandes bendiciones que nos esperan, si cumplimos Sus requisitos. Veamos nuevamente los versículos 6 y 7 para ver lo que se espera de nosotros:

* Romper las cadenas de injusticia.

* Desatar las cargas de opresión.

* Dejar libre al oprimido.

* Romper todo yugo o tiranía.

* Compartir el pan con el hambriento.

* Hospedar al necesitado.

* Vestir al que le hace falta.

* No dejar de ayudar a todo aquel que le hace falta.

Las bendiciones de Dios serán las siguientes si cumplimos con los requisitos de Dios:

* Tu luz brillará como el amanecer.

* Serás saludable, pues Dios te sanará muy pronto.

* Tu rectitud irá delante de ti.

* La gloria del Señor te seguirá.

* Entonces, si llamas, Él te contestará tu oración.

* Si clamas, Dios responderá, y así verás que Él está a tu lado.

Nuevamente en los versículos 9 y 10 vemos otras condiciones y otras bendiciones.

* Si dejas de oprimir al débil.

* Si dejas de insultar a otros.

* Si dejas de acusar a otro o de levantar calumnia y chismes.

* Si te das a ti mismo en servicio del que tiene hambre.

* Si ayudas al atribulado.

Entonces:

* Tu luz brillará en la oscuridad y aún tus sombras se convertirán en luz de mediodía.

* El Señor te guiará continuamente.

* Te dará comida abundante aún en tiempos de sequía.

* Dará fuerza a tu cuerpo.

* Serás como un jardín hermoso, bien regado.

* Serás como un manantial al que no le falta el agua.

* Lo que está en ruinas será reedificado.

* Y serás cimiento de muchas generaciones por venir.

* Serás reparador de rupturas o separaciones.

* Serás llamado restaurador de caminos para habitar.

¡Cuánto tiene Dios para los que hacen lo que a Él le agrada, para los que son justos y ayudan a otros! ¡Tantas bendiciones Dios tiene para nosotros! Es realmente para asombrarnos cuando meditamos sobre la bondad de Dios y Sus propósitos para con Su pueblo. No lo olvidemos y tengamos siempre un corazón agradecido.

Nuestra religiosidad no impresiona a Dios. No seamos hipócritas aparentando amar a Dios. Jesús condenó fuertemente a los hipócritas. Amemos a Dios de corazón y busquemos lo que a Él le agrada. Por eso el ayuno en primer lugar es para Dios. Cuidémonos que el ayuno no sea para la gratificación de nuestros deseos y ambiciones personales.

Ministrar al Señor

Cuando Joel clamó: *"Proclamad ayuno"* (1:14) quiso decir que lo dedicaran a Dios. Esto es absolutamente básico si es que nuestro ayuno va a ser aceptado. Luego habrá ocasiones cuando olvidaremos lo relativo a nuestro beneficio personal, cuando seremos transportados por el asombro, el amor y la alabanza en tanto que ayunamos para Dios.

Recuerden a Ana la profetisa, quien adoraba a Dios día y noche en el templo, ayunando y orando (Lucas 2: 37) Esta es seguramente la concepción más sublime: el adorar o ministrar al Señor mediante un ayuno - es darnos nosotros mismos a Él, y es solamente en forma secundaria, un medio para obtener ciertos fines espirituales.

Por lo tanto, el ayuno escogido por Dios es aquel que Él ha señalado; el que está dedicado a Él para ministrarle, honrarle y glorificarle; aquel que está designado para llevar a cabo Su soberana voluntad. Entonces veremos, como si se tratara de un pensamiento postrero del cielo, que el ayuno para Dios redunda en bendiciones y que el Dios que ve en secreto se complace sobremanera en recompensarnos abiertamente. De este modo somos librados de siquiera permitir que el ayuno signifique más para nosotros que Aquel que nos bendice.

Citaré palabras del célebre predicador, Juan Wesley sobre el ayuno:

"En primer lugar, que se haga para el Señor, con nuestra mirada fija solamente en Él. Que nuestra intención sea ésta y solamente ésta: la de glorificar a nuestro Padre que está en el cielo, expresando nuestro pesar y vergüenza por las múltiples transgresiones a su Santa Ley, esperar un aumento de Su gracia purificadora y guiar nuestros afectos a las cosas de arriba, añadir seriedad y fervor a nuestras oraciones, para apartar la ira de Dios y obtener todas las grandes y preciosas promesas que nos ha hecho en Jesucristo.

...Tengamos cuidado de no imaginar que merecemos alguna cosa de parte de Dios por el hecho que ayunamos. Nunca serán suficientes las advertencias a este respecto ya que está profundamente arraigado en todos nuestros corazones el deseo de 'establecer nuestra propia justicia'. Ayunar es tan solo un camino que Dios ha establecido, en el cual nosotros esperamos su misericordia inmerecida; y también, sin ningún mérito nuestro, Él ha prometido libremente darnos su bendición."

Ayunar es orar

Me gusta muchísimo una frase de Gwen Shaw:

"El ayuno es la oración del cuerpo."

A veces las palabras no alcanzan a expresar nuestros

sentimientos. Ahora aprendemos que nuestro cuerpo puede ayudarnos a expresarnos.

Cuando dejamos de alimentar el cuerpo, cuando dejamos de pensar en comida, podemos ofrecer nuestro ayuno, nuestro cuerpo, de hecho, todo nuestro ser, como una ofrenda a Dios. Puede ser una ofrenda de amor o una ofrenda de agradecimiento a Él. Y en vez de llenarnos de comida, nos llenamos de Dios.

Hemos visto qué es el ayuno. Hemos establecido que es una práctica bíblica y qué es para nosotros en la actualidad. Hemos diferenciado varias clases de ayuno y hemos observado cuán esencial es que tengamos los motivos correctos y que ayunemos para Dios. Examinemos ahora algunos propósitos del ayuno.

Ayunar para una santificación personal

Una cualidad fundamental de la verdadera santidad es la humildad. Lo opuesto es el orgullo. ¿Sabían que el orgullo va de la mano de un estómago demasiado lleno?

Ezequiel 16:49 nos dice que el pecado de Sodoma no fue tanto la homosexualidad sino:

"Sodoma y sus pueblos pecaron por creer que tenían demasiado, pues les sobraba comida y vivían sin preocupaciones; también pecaron porque nunca ayudaron a los pobres y necesitados."

(De paso mencionamos, como vimos en Isaías 58, el

sentir de Dios: la importancia de ayudar al necesitado. También se puede hacer un paralelismo de Isaías 58 con Mateo 25: 31-46 que habla de lo mismo: demostramos nuestro amor a Dios cuando ayudamos a otros.)

El pecado de Sodoma era el orgullo y la glotonería. Dios sabía que uno de los grandes tropiezos para Israel cuando entrara a la tierra prometida sería el orgullo y el estómago satisfecho; por eso los disciplinó en el desierto. Veamos Deuteronomio 8: 2,3

"Y te acordarás de todo el camino por donde te ha traído Jehová tu Dios estos cuarenta años en el desierto, para afligirte, para probarte, para saber lo que había en tu corazón, si habías de guardar o no sus mandamientos.

Y te afligió, y te hizo tener hambre, y te sustentó con maná, comida que no conocías tú, ni tus padres la habían conocido, para hacerte saber que no sólo de pan vivirá el hombre, mas de todo lo que sale de la boca de Jehová vivirá el hombre."

Ahora están a punto de entrar a una tierra de abundancia que traería muchas tentaciones, o sea, cosas que alejarían su corazón de Dios, por eso Moisés les previene y les advierte, v.11-14:

"Cuídate de no olvidarte de Jehová tu Dios, para cumplir sus mandamientos, sus decretos y sus estatutos que yo te ordeno hoy; no suceda que comas y te sacies, y edifiques buenas casas en que habites, y tus vacas y tus ovejas se aumenten, y la plata y el oro se te multipliquen, y todo lo que tuvieres se aumente; y se

enorgullezca tu corazón, y te olvides de Jehová tu Dios, que te sacó de tierra de Egipto, de casa de servidumbre."

Pero Oseas nos dice, en el capítulo 13:6, que esto es exactamente lo que sucedió:

"Pero cuando tuvisteis comida de sobra, vuestro corazón se llenó de orgullo y os olvidasteis de mí." (DHH)

Así comprobamos que nuestra manera de comer está relacionada con el orgullo y que el ayuno puede corregir la soberbia.

Quiero que vuelvas a leer Deuteronomio 8:2 y 3 pero en otra versión que cambia la palabra afligir por humillarse.

"Recuerda el camino por el que el Señor tu Dios te guió durante todos estos cuarenta años en el desierto, para enseñarte a ser humilde, ponerte a prueba y saber lo que tú pensabas: para saber si ibas a obedecer sus mandamientos o no. Él te humilló y te hizo pasar hambre. Luego te dio a comer maná, que ni tú ni tus antepasados conocían, para enseñarte que el ser humano no sólo vive de pan, sino de todo lo que el Señor ordena". (PDT)

El ayuno es un instrumento poderoso para humillarnos delante del Señor, lo cual es <u>fundamental</u> para acercarse a Dios. Dios no puede obrar en un corazón soberbio que se resiste a humillarse y reconocer sus falencias y equivocaciones. En el ayuno nos sometemos al Señor al negar darle al cuerpo lo que desea.

Es interesante ver que Dios le enseñó al pueblo de Israel a humillarse delante de Él mediante su sistema digestivo. En el desierto no les fue permitido gozar de una rica comida aunque no pasaron hambre. Es evidente que tener en abundancia y el estómago lleno nos lleva al orgullo y autosuficiencia y de allí, alejarnos de Dios.

Esdras 8:21

"Después proclamé un ayuno cerca del río Ahavá, para que reconociéramos nuestras faltas ante nuestro Dios, y para pedirle que nos llevara con bien a nosotros, nuestras familias y nuestras posesiones." (DHH)

Dios animó a Esdras que regresara de Babilonia junto con los hijos de la cautividad que estaban regresando a Jerusalén. Esdras había ganado el favor del rey Artajerjes para poder llevar con él grandes provisiones de oro y plata. Por causa de la carga valiosa que llevaban y el viaje largo (5 meses) y difícil y los peligros de ladrones y bandidos en el camino, era una expedición sumamente peligrosa. Eran 1754 personas incluyendo los niños.

Esdras dijo: ¿Cómo puedo jactarme de la grandeza de Dios y Su poder de protección y luego pedir al rey que nos dé protección? Pero sabía dónde podía obtener ayuda. Esdras se humilló para buscar la ayuda de Dios. Leímos que ayunó para reconocer sus pecados y para pedir protección para todos durante el viaje.

David dijo lo mismo. Leemos en Salmo 35:13:

"Cuando ellos enfermaron.... afligí (humillé) mi alma con ayuno."

Para el judío pues, el ayuno significaba humillarse, pero también significaba luto o duelo. Se practicaba el ayuno como señal de duelo por los difuntos y era casi parte de los ritos fúnebres.

1 Samuel 31: 13

"Enterraron luego los restos en Jabés, debajo de un árbol, y guardaron siete días de ayuno." (DHH)

Hay una secuencia natural conforme nos movemos de la humillación de uno mismo al dolor del arrepentimiento por el pecado. Los judíos ayunaban como señal de su arrepentimiento y de su dolor por el pecado (1 Samuel 7:6; Nehemías 9: 1, 2). Este dolor por el pecado personal es un paso indispensable en el proceso de la santificación y es facilitado por el ayuno. O sea, que el ayuno, como hemos visto en los ejemplos dados, nos ayuda a presentarnos delante de Dios en humildad y sinceridad.

Con todo, Dios desea llevarnos más allá del lugar en que solamente sintamos dolor por nuestros propios pecados. Quiere conducirnos adonde seamos movidos por el Espíritu para llorar por los pecados de la iglesia, los pecados de la nación y aún por el mundo. En realidad Dios está profundamente interesado por encontrar personas que compartan Su sentir por la situación espiritual prevalente por doquier.

Los ojos del Señor, hoy día, siguen buscando en la tierra hombres como Esdras que confiesen los pecados de un pueblo infiel y que lo hagan llorando y postrándose delante de Su presencia; o a hombres como Nehemías que llorarán y lamentarán, ayunarán y orarán porque los muros están caídos y las puertas destruidas por el fuego.

Si la restauración y la renovación tienen que venir de la presencia del Señor, entonces son los hombres y mujeres como ellos a quienes Dios usará para cambiar la historia.

En el ayuno para santificación personal hemos visto el aspecto de la humildad y el luto. También involucra el aspecto de consagración a Dios.

Tomemos el ejemplo de Jesús quien, aunque recibió la plenitud del Espíritu en Su bautismo no experimentó el poder del Espíritu hasta después de la prueba en el desierto. Mediante Su aceptación de esas seis semanas de ayuno estaba reafirmando Su determinación de hacer la voluntad del Padre hasta el fin.

Este ayuno y Su experiencia en el desierto fueron Su preparación final y, además, Su consagración para cumplir Su misión celestial. Luego, al volver a Galilea, en el poder del Espíritu, se hicieron manifiestas en Él las obras de Dios.

Hechos 13:1-3 dice lo siguiente:

"En la iglesia de Antioquía había profetas y maestros. Eran Bernabé, Simón (al que también llamaban el Negro), Lucio de Cirene, Menahem (que se había criado junto con Herodes, el que gobernó en Galilea) y Saulo.

Un día, mientras celebraban el culto al Señor y ayunaban, el Espíritu Santo dijo: "Separadme a Bernabé y a Saulo para la tarea a la que los he llamado."

Entonces, después de orar y ayunar, y les impusieron las manos y los despidieron." (DHH)

Conforme ayunaban los profetas y maestros, el Espíritu habló apartando a Pablo y a Bernabé para la obra misionera. No estaban reunidos tomando café sino reunidos en un ayuno de consagración.

Hechos 14:23

"También nombraron ancianos en cada iglesia, y luego de orar y ayunar los encomendaron al Señor, en quien habían creído."

En este versículo vemos que también elegían los ancianos, de cada iglesia que formaban, después de orar y ayunar. Así fueron elegidos los líderes de las iglesias. Me pregunto si hoy día son elegidos después de un tiempo de oración y ayuno.

Si te has sentido humillado por fracaso personal, si sientes en tu alma un llamado a una purificación más profunda, a una consagración renovada; si existe el desafío de una obra nueva para la cual no te sientes suficientemente preparado, entonces es tiempo de preguntarle a Dios si no querrá que te apartes para ayunar.

Ayunar para ser oído en el cielo

Vimos en Isaías 58 que Dios no aceptaba ese ayuno ya que detrás de una fachada de piedad simplemente querían agradarse a sí mismos. Luego les revela el carácter del ayuno que Él había escogido y las bendiciones que recibirían no solamente ellos mismos sino también otros.

El ayuno que vemos en este pasaje estaba relacionado con el buscar a Dios, acercarse a Dios, prevalecer con Dios. Pero ellos no lograron esto pues sus motivos eran incorrectos y Dios les dice en el versículo 4 que no debían ayunar de esa manera si querían ser *"oído en lo alto."* Ese es precisamente el fin del ayuno: ser oído en lo alto, que en el cielo se escuche nuestro clamor, que nuestras peticiones sean escuchadas por el Padre. Dios mismo lo confirma en el versículo 9: Si ayunas correctamente *"entonces me invocarás y yo te contestaré."*

Al ayunar, la oración se eleva como en alas de águila, con el fin de introducir al suplicante a la cámara de audiencia del Rey y ser aceptada. El ayuno hará retroceder los poderes opresivos de maldad y los hará soltar lo que sea que hayan tomado. El ayuno tiene el propósito de abrir camino a la intercesión del hombre y dar poder a sus peticiones. El cielo siempre estará presto a inclinar su oído y a prestar atención a aquel que ora ayunando.

Cuando una persona está totalmente dispuesta a dejar de lado los evidentes apetitos de su cuerpo con el fin de concentrarse en la oración, está dando pruebas reales de que tiene una intención firme, de que está inquiriendo con todo su corazón y que no abandonará a menos que Dios le conteste.

Andrew Murray dijo:

> "El ayuno vale para expresar, profundizar y ratificar la resolución de que estamos preparados para sacrificar cualquier cosa, incluso a nosotros mismos, con el fin de lograr lo que buscamos para el glorioso Reino de Dios."

Aunque no debemos de pensar en el ayuno como si fuera una huelga de hambre con el propósito de forzar la mano de Dios o manipularle para conseguir lo que buscamos, el ayuno da fuerza a una demanda y ejerce presión para apoyar cualquier petición que hagamos.

La oración es mucho más compleja que la simple petición de un hijo a un padre amoroso para que éste supla sus necesidades. Sabemos que la oración es guerra, y es también lucha, porque hay fuerzas que se oponen. Esto es así porque existen corrientes espirituales que se cruzan, oponiéndose una a la otra.

Cuando intercedes por tu caso en la corte celestial,

cuando clamas al Juez de toda la tierra y le dices *"hazme justicia de mi adversario"* (Lucas 18:3), ese enemigo también está representado en la corte (Job 1:6; 2:1; Zacarías 3:1). Por eso no es suficiente contar con la disposición del Juez; como así tampoco es suficiente saber que Él está deseoso de nuestro bien, porque también existe la oposición, que debe ser vencida en primer lugar.

Esta es una esfera de profundo misterio. Las Escrituras señalan los hechos pero no los explica. En el terreno de lo espiritual es necesaria la <u>insistencia.</u> Con frecuencia tiene que haber <u>presión</u> antes de que se pueda abrir la brecha en la guerra celestial. Hay situaciones que requieren que mujeres y hombres violentos tomen el reino por la fuerza.

Mateo 11:12 dice:

"Desde los días de Juan el Bautista hasta ahora, el reino de los cielos sufre violencia, y los violentos lo arrebatan."

Esto no significa que Dios no desea cumplir los deseos de los que le temen. El ayuno tiene la finalidad de dar una nota de urgencia e importunidad a nuestra oración y proporcionar fuerzas a nuestra petición en la corte celestial.

La persona que ora con ayuno le indica al cielo de que en verdad es sincero, está diciendo que no va a darse por vencido y que tampoco dejará que Dios se vaya sin que le dé Su bendición. La persona que ora ayunando demuestra que no aceptará un 'no' por respuesta, pues se vale de un medio que el mismo Dios ha designado para ser oído en lo alto.

Podemos ver un ejemplo en Jueces 20. La tribu de Benjamín, había cometido un delito terrible y Dios mandó a las otras tribus contra ella. Así lo hicieron y fueron terriblemente derrotados en dos ocasiones aunque oraron y lloraron delante de Jehová.

La tercera vez ayunaron y lloraron y Dios les dio una tremenda victoria. ¡Qué poder delante de Dios para cambiar las circunstancias tiene la oración cuando va acompañada del ayuno!

Al concedernos el privilegio de ayunar tanto como de orar, Dios ha añadido a nuestra armadura espiritual un arma poderosa. En su necedad e ignorancia, la iglesia la ha considerado como anticuada. La ha arrojado a un rincón oscuro para que se llene de herrumbre y ha quedado allí olvidada durante varios siglos. En estos días críticos es esencial que el ayuno sea una práctica diaria de la iglesia para ser efectiva y cumplir su divino propósito.

Ayunar para dar libertad a los cautivos

Jesús vino para dar libertad a los cautivos (Isaías 61:1) Los hombres están atados, no con cadenas de acero o grillos de hierro sino con grilletes invisibles de maldad. Luchan contra una opresión que no es social sino espiritual y que es satánica.

La persona que discierne puede reconocer que muchos de aquellos con los cuales nos encontramos a diario están oprimidos por el diablo, perturbados por los demonios, atados por fuerzas que no comprenden y de las cuales no pueden liberarse. En muchos casos se aborrecen a sí mismos por su conducta, lloran, presa de absoluta frustración, y ante su propia impotencia de romper las cadenas.

Hoy en día hay una proporción de la joven generación que está oprimida sin esperanza por la nicotina y el alcohol, las drogas, los deseos sexuales y la fiebre del juego – y esta proporción va en aumento. Otros son engañados y enredados en cultos y sociedades de inspiración satánica y por las diversas formas de magia negra, brujería y espiritismo. Peor aún, hay cristianos atados por el temor, el resentimiento, los celos y la inmundicia y que saben muy bien lo que son en sí mismos: una completa contradicción del evangelio de liberación que profesan. Pero, ¿cómo liberarse? Se esfuerzan para orar, para creer, para clamar y sin embargo están atacados y no reciben respuesta.

¿Estamos sugiriendo que el evangelio de Jesús que nosotros predicamos no es suficientemente para la necesidad de las personas?

El evangelio de Jesús ciertamente es suficiente, pero no necesariamente "el evangelio que predicamos"; porque con más frecuencia de lo que imaginamos, predicamos un evangelio deficiente. El perdón por medio de la muerte de Cristo, aunque vital, no es todo el evangelio. Con frecuencia aquel que se encuentra preso en las garras de Satanás no puede responder a este mensaje, o si lo hace, puede tener el perdón de sus pecados sin que se abran los grilletes que lo apresan. La persona es salva, pero no ha sido liberada.

El perdón era sólo una faceta del mensaje de Jesús. En Sus propias palabras Jesús dice que vino: *"....para predicar las buenas nuevas a los pobres, sanar a los quebrantados de corazón, pregonar libertad a los cautivos y vista a los ciegos...."* (Lucas 4:18).

Jesús pronunció estas palabras al comienzo de Su ministerio y luego que había finalizado, Pedro, hablando con el centurión romano le explicó: *"cómo Dios ungió con El Espíritu Santo y con poder a Jesús de Nazaret, y como éste anduvo haciendo bienes y sanando a todos los oprimidos por el diablo."* (Hechos 10:38)

Libertar a los cautivos es parte del evangelio de Jesús.

¿Cómo podemos nosotros libertar a los cautivos? Por cierto que solos no podremos lograr nada sino que es obra del Espíritu Santo, pero debemos buscar la unción del Espíritu y los dones del Espíritu para discernir y liberar. Pero esto no es todo, el ayuno es un arma auxiliar muy poderosa, y ha sido señalado por Dios para soltar las ligaduras del enemigo.

Al poner en libertad a alguien que está en las garras de Satanás, a menudo es necesario un proceso de 'ablandamiento' por medio de la oración. Un ayuno hecho bajo la guía de Dios fortalecerá al intercesor para soportar la presión hasta que el enemigo se vea forzado a soltar sus garras del cautivo. Entonces el ayuno dará autoridad, cuando llegue el momento de Dios, para pronunciar la palabra de orden que obrará la liberación. El ayuno es uno de los 'secretos' que trae efectividad y poder al ministerio de liberación del poder de Satanás.

Les recuerdo las mismas palabras de Jesús:

"Pero este género de demonio, no sale sino con oración y ayuno." (Mateo 17:21)

Como ejemplo, mencionaré a un alemán de nombre Blumhardt quien fue usado por Dios para la liberación de muchos atormentados por espíritus malos. Así escribe Andrew Murray de él:

"En momentos en que Blumhardt pasaba por un terrible conflicto con los espíritus malos que atormentaban a muchos y buscaba echarlos fuera por medio de la oración, muchas veces se preguntaba qué era lo que impedía tener contestación. Un día, un amigo al que le había mencionado su problema, llamó su atención a las palabras del Señor respecto del ayuno. Blumhardt resolvió dedicarse al ayuno y hubo ocasiones en que ayunó por más de treinta horas."

El efecto de esta práctica señalada por Dios, lo relata en sus propias palabras:

"Dado que el ayuno es delante de Dios una prueba práctica de que lo que pedimos, es para nosotros algo de sumo interés y apremio, y puesto que en grado sumo fortalece la intensidad y el poder de la oración y llega a ser la expresión práctica incesante de una oración sin palabras, puedo creer que será eficaz. Lo probé sin contárselo a nadie y la verdad es que los conflictos posteriores fueron notablemente aligerados. Me fue posible hablar con más sosiego y decisión. No me era necesario pasar tanto tiempo junto a la persona atormentada y sentí que podía ejercer influencia sobre otros aun sin encontrarme presente."

Jesús nos dejó una comisión:

"En mi nombre echarán fuera demonios." (Marcos 16:17)

Esto es lo que Jesús espera de nosotros. Esto es lo que Él espera de ti y de mí. Hagámoslo. Tenemos las armas y la autoridad y tenemos la estrategia y el Espíritu Santo; no tengamos temor de nuestra impotencia, ni del poder del diablo pues mayor es Él que está en nosotros. Simplemente debemos obedecer al que dijo *"sin mi nada podéis hacer"* pero conmigo *"mayores cosas que estas harán"*.

Ayunar para revelación

Sin duda hay una estrecha vinculación entre la práctica de ayunar y el recibir revelaciones espirituales. Muchas religiones no cristianas, tal como el budismo, el hinduismo, el confucionismo y el islamismo practican el ayuno porque reconocen el poder que tiene para desprender la mente del mundo de los sentidos y agudizar la sensibilidad al mundo de los espíritus.

El abstenerse de comer es aún hoy día un importante dogma del espiritismo tal como lo fuera en los días de Pablo. (Ver 2 Timoteo 4:1-4)

En las Escrituras no hallamos nada que sugiera que tenemos que buscar visiones, sueños o revelaciones sobrenaturales, pero lo que queremos señalar es que los que se dedican a buscar a Dios a través del ayuno, podrán comprobar que Dios les recompensará con tales manifestaciones de Su presencia.

De continuo necesitamos revelación acerca de la voluntad de Dios para nuestras vidas y nos vemos frente a situaciones que hacen necesarias la sabiduría divina y el conocimiento.

Dice en Daniel 9:2, 3 que Daniel se dio cuenta que ya se habían cumplido los setenta años de cautiverio pero que aún no se había organizado el regreso a Jerusalén. Y cuando se hubo dado cuenta de esta realidad Daniel dijo:

"Volví mi rostro a Dios el Señor, buscándole en oración y ruego,

en ayuno, cilicio y ceniza."

Sabemos que fue escuchado por Dios pues los versículos 21-23 dicen que mientras aún estaba orando y confesando su pecado y el pecado del pueblo y mientras aún derramaba su ruego por el monte santo de Dios, un ángel lo visitó y le dijo:

"Daniel, ahora he salido para darte sabiduría y entendimiento. Al principio de tus ruegos fue dada la orden y yo he venido para enseñártela, porque tú eres muy amado. Entiende pues la orden, y entiende la visión."

En este punto me gustaría poner atención a esa oración tan especial de Daniel. Hemos hablado de que el ayuno es humillarse delante de Dios y de confesar nuestras faltas. El ejemplo de Daniel es digno de imitar.

Recuerda que Daniel está en ayuno, en cilio y ceniza. Lo primero que hace es humillarse aún más delante de Dios pidiendo perdón por su pecado y la del pueblo. Es una exaltación al poder de Dios y Su justicia y misericordia y hay tanto que aprender de las palabras genuinas del corazón de Daniel pero sólo lo transcribiré.

Daniel 9:3-19

"Y dirigí mis oraciones y súplicas a Dios el Señor, ayunando y vistiéndome con ropas ásperas, y sentándome en ceniza.

Oré al Señor mi Dios, y le hice esta confesión: Señor, Dios grande y poderoso, que siempre cumples tus promesas y das pruebas de tu amor a los que te aman y cumplen tus mandamientos: hemos pecado y cometido maldad; hemos hecho lo malo; hemos vivido sin tomarte en cuenta; hemos abandonado tus mandamientos y decretos.

No hemos hecho caso a tus siervos los profetas, los cuales hablaron en tu nombre a nuestros reyes, jefes y antepasados, y a todo el pueblo de Israel.

Tú, Señor, eres justo, pero nosotros los judíos nos sentimos hoy avergonzados; tanto los que viven en Jerusalén como los otros israelitas, los de cerca y los de lejos, que viven en los países adonde tú los arrojaste por haberse rebelado contra ti.

Nosotros, Señor, lo mismo que nuestros reyes, jefes y antepasados, nos sentimos avergonzados porque hemos pecado contra ti. Pero de ti, Dios nuestro, es propio el ser compasivo y perdonar. Nosotros nos hemos rebelado contra ti y no te hemos escuchado, Señor y Dios nuestro, ni hemos obedecido las enseñanzas que nos diste por medio de tus siervos los profetas.

Todo Israel desobedeció tus enseñanzas y se negó a obedecer tus órdenes; por eso han caído sobre nosotros la maldición y el juramento que están escritos en la ley de Moisés, tu siervo, porque hemos pecado contra ti.

Tú, al enviarnos una calamidad tan grande, has cumplido la amenaza que nos hiciste a nosotros y a los que nos gobernaron; pues jamás ha habido en el mundo nada comparable al castigo que ha caído sobre Jerusalén.

Todo este mal ha venido sobre nosotros, tal como está escrito en la ley de Moisés; pero nosotros no te hemos buscado, Señor y Dios nuestro, ni hemos abandonado nuestras maldades, ni hemos seguido tu verdad.

Por eso, Señor, has preparado este mal y lo has enviado sobre nosotros; porque tú, Señor y Dios nuestro, eres justo en todo lo que haces; pero nosotros no quisimos escucharte.

Señor y Dios nuestro, tú mostraste tu gran poder al sacar de Egipto a tu pueblo, haciendo así famoso tu nombre desde aquellos días hasta hoy; pero nosotros hemos pecado y hemos hecho lo malo. Señor, sabemos que eres bondadoso. Por favor, aparta de Jerusalén tu ira y furor, porque ella es tu ciudad, tu monte santo. Toda la gente de las naciones vecinas se burla de Jerusalén y de tu pueblo, por culpa de nuestros pecados y de los de nuestros antepasados.

Dios nuestro, escucha la oración y las súplicas de este siervo tuyo; por tu nombre, Señor, mira con amor la triste situación en que ha quedado tu templo.

Atiende, Dios mío, y escucha; mira con atención nuestra ruina y la de la ciudad donde se invoca tu nombre. No te hacemos nuestras súplicas confiados en la rectitud de nuestra vida, sino en tu gran compasión.

¡Señor, Señor! ¡Escúchanos, perdónanos! ¡Atiéndenos, Señor, y ven a ayudarnos! ¡Por ti mismo, Dios mío, y por tu ciudad y tu pueblo, que invocan tu nombre, no tardes!"

En otra oportunidad, luego de otro ayuno Daniel recibe la visita de un ángel quien le dice:

"Daniel, ...desde el primer día que dispusiste tu corazón a entender y a <u>humillarte</u> en la presencia de tu Dios, fueron oídas tus palabras y a causa de tus palabras yo he venido." (Daniel 10:12)

Cuando oramos y ayunamos en necesidad de Su guía y dirección, Él escucha y nos contesta - tal vez no por medio de un ángel como Daniel pero acaso, ¿no fue esa Su promesa hecha en Isaías 58:10,11?

"En las tinieblas nacerá tu luz, y tu oscuridad será como el mediodía. Él te guiará continuamente."

Dios <u>desea</u> guiarnos, desea dirigirnos a cosas buenas. Si no llega la respuesta con oración, demuéstrale a Dios mediante un ayuno que verdaderamente deseas Su dirección.

Tal vez la respuesta tarde porque <u>hace falta ayuno,</u> como fue la experiencia de Daniel según leemos en 10:13. Hacía 21 días que ayunaba Daniel antes que llegara la respuesta y el ángel le informa que no pudo llegar antes a pesar de que fue enviado desde el primer día de su ayuno (versículo 12) pues se encontró con las fuerzas de oposición que se lo impidieron y no hubiera podido llegar si Miguel, un ángel guerrero, no lo ayudara. Mientras tanto, Daniel ayunaba, y de esa manera también guerreaba para que le llegara la respuesta. Recuerda que estamos luchando contra fuerzas de maldad continuamente (Efesios 6:12-18) que quieren impedir que nos llegue la bendición de Dios.

Nosotros también tenemos un papel en esta batalla - Dios no lo hace todo. Nuestra pelea está en la oración y en la oración reforzada con ayuno. Si realmente queremos la bendición no nos podemos quedar con los brazos cruzados - tenemos que tomar el papel difícil y levantarnos y luchar con las armas espirituales.

Es bien conocido el versículo de Juan 10:10 que dice que el diablo viene para robar, matar y destruir – destruir a todo aquel que hace la voluntad de Dios. Este es el objetivo también de todos los seguidores de nuestro gran enemigo. Ellos no desconocen el gran poder que tiene un ayuno y no escatiman en usarlo. Ellos ayunan para que los pastores caigan en pecado. Ayunan para debilitar a cada creyente y traer fracaso a su vida. El diablo copia lo que es de Dios y por eso sus seguidores ayunan, aliándose con las nefastas fuerzas del mal, porque saben muy bien que su jefe les dará grandes resultados.

1 Reyes capítulo 21 relata como la reina Jezabel proclamó un ayuno para hacer el mal. Leer todo el capítulo para saber los resultados de ese falso ayuno. Dios siempre tiene la última palabra.

Otro caso similar podemos leer en Hechos a partir del versículo 12. Aquí vemos que más de cuarenta hombres juraron *"bajo maldición, diciendo que no comerían ni beberían hasta que hubiesen dado muerte a Pablo."*

Si la petición está hecha bajo maldición es obvio que es

una petición hecha a Satanás. Y es un ayuno solicitando las fuerzas del mal. Nuestro Dios no opera en las esferas del mal. Sigue leyendo para descubrir cómo Dios pone a salvo a su escogido.

Es bueno recordar que aunque los peores ataques del enemigo vengan en contra de nosotros, estamos protegidos y a salvo por la sangre de Jesús y nada nos puede dañar si estamos dentro de la voluntad de Dios.

Hace unos años un famoso mentalista aparecía en los programas de televisión desplegando sus poderes de leer la mente y doblar cucharas etc. Él mismo explicó que su poder venía porque ayunaba 30 días cada 30 días. En la iglesia hay muy pocos que están dispuestos a tal sacrificio. Gran parte de la iglesia está dormida y ni siquiera se involucra en la 'guerra espiritual', desconociendo que su enemigo está bien informado de las mejores tácticas.

Si los seguidores del diablo ayunan ¿no te parece que la iglesia debería usar esta arma con más frecuencia? En las manos de Dios y según Su guía perfecta, tengamos la determinación de ser usados por Él para deshacer las obras del mal. Y sabemos que la victoria es nuestra porque mayor es Él que está en nosotros. (1 Juan 4:4)

Ayunar en circunstancias apremiantes

Como hemos mencionado anteriormente, cuando nos encontramos en situaciones difíciles, apremiantes, de peligro, de riesgo podemos comprobar que el ayuno refuerza nuestra oración a favor de nuestra necesidad.

Podemos dar como ejemplo cuando el pueblo de Israel estuvo a punto de ser exterminado, la reina Esther proclamó un ayuno por tres días. Y cuando el hijo de David y Betsabé se enfermó, David ayunó por su sanidad.

Ayunar para tener dominio del cuerpo

"Todo aquel que lucha, de todo se abstiene; ellos, a la verdad para recibir una corona corruptible, pero nosotros, una incorruptible. Así que de esta manera yo corro, no como a la ventura; de esta manera peleo, no como quien golpea el aire, sino que golpeo mi cuerpo, y lo pongo en servidumbre, no sea que habiendo sido heraldo para otros, yo mismo venga a ser eliminado." (1 Corintios 9:25-27)

Según el criterio del apóstol, no se trataba simplemente del peligro de la tentación si el cuerpo no fuere golpeado, sino de la pérdida de poder en la gran contienda de la vida, tal como un atleta que no se entrena adecuadamente se vería trabado el día de la carrera y perdería el premio.

Pablo no quería perder el premio - haría cualquier cosa por más difícil que sea para lograrlo; por lo tanto se consagró para dar cualquier paso práctico que fuera menester para someter los apetitos y deseos del cuerpo que serían estorbo y un impedimento para recibir el premio. Se empeñó en mantener dominado su cuerpo para que lo espiritual pudiera ser mantenido en estado ascendente. ¿Cómo podía esperar recibir la corona del vencedor mientras fuese conquistado por sus propios apetitos insaciables?

La vida de Jesús es un perfecto ejemplo de dominio de lo físico por lo espiritual. ¿No fue la vida de Aquel, que no se agradó a sí mismo, una de continua disciplina? ¿Es que acaso Él no sigue llamándonos para que le sigamos por la senda de la negación propia y para que llevemos la cruz?

Romanos 13:14 dice:

"No proveáis para los deseos de la carne."

1 Pedro 2:11

"Os ruego....que os abstengáis de los deseos carnales."

Y otros versículos más dicen que crucifiquemos nuestros apetitos.

Esta idea de disciplina auto-impuesta es básica a todo el concepto bíblico sobre el ayuno. El único ayuno indicado por la Ley es el que tiene lugar el día de la expiación y Dios lo describe en estos términos: *"Afligiréis vuestras almas"* (Levítico 23:27). Afligir conlleva el significado de humillarse. Ese día es un día para humillarse delante de Dios y buscar Su rostro.

No hay nada esencialmente vil en el cuerpo humano

porque Dios lo creó aun con sus deseos y apetitos. No hay nada malo en el deseo de un hombre hambriento, el que se le apetezca una buena comida, ni que la mujer anhele un esposo, hijos y un hogar. El obrar del Espíritu no es de reprimir estos instintos naturales sino controlarlos y mantenerlos dentro de los límites establecidos por Dios. Lo físico no debe ser reprimido sino que debe estar disciplinado y subordinado a lo espiritual.

De lo contrario, cuando un ayuno llega a ser parte de una costumbre, un ritual, una rutina o regla (tal día, tal hora), allí es incapaz de tratar efectivamente con los apetitos del cuerpo ni ser muy eficaz en otras áreas. Mas el dominio propio es fruto del Espíritu, surgiendo de la vida de Dios que hay dentro de uno y esto se cultiva por un hábito, es decir, una costumbre de todos los días de llevar una vida disciplinada.

Ayunar y los Beneficios para el Cuerpo

Hasta ahora hemos hablado del beneficio espiritual en el ayuno. A continuación comentaremos algunos de sus beneficios físicos. No todas las personas que ayunan lo hacen con una motivación espiritual. Se sabe que el ayuno es beneficioso para el cuerpo y por lo tanto hay los que tienen la motivación de lograr una mejoría física. A continuación mencionaré algunos beneficios que el ayuno aporta.

Muchas personas han descubierto que el ayuno:

* Conduce a mejores hábitos de alimentación.

* Reduce la tensión.

* Ayuda a sentirse mejor físicamente y mentalmente.

* Disminuye los niveles de presión sanguínea y colesterol.

* Mejora las relaciones sexuales.

* Concede un sueño más profundo.

* Libera de la dependencia del tabaco, la bebida o las drogas.

* Intensifica la conciencia espiritual.

* Ahorra tiempo y dinero.

Relacionado con el aspecto físico mencionaremos algunos motivos por lo cual se puede ayunar.

* Para bajar de peso de la manera más fácil y rápida.

* Para sentirse mejor física y mentalmente.

* Para verse y sentirse más joven.

* Para ahorrar dinero.

* Para dar descanso a todo el sistema digestivo.

* Para purificar el cuerpo.

* Para bajar la presión sanguínea y los niveles de colesterol.

* Para disminuir el tabaquismo y la bebida.

* Para obtener más de la sexualidad.

* Para dejar que el cuerpo se cure.

* Para aliviar la tensión.

* Para acabar con la dependencia de las drogas.

* Para dormir mejor.

* Para digerir mejor los alimentos.

* Para regular los intestinos.

* Para sentirse eufórico.

* Para agudizar los sentidos.

* Para acelerar los procesos mentales.

* Para economizar tiempo.

* Para reforzar la autoestima.

* Para aprender mejores hábitos alimenticios.

* Para compartir con los que tienen hambre.

* Para adquirir dominio de uno mismo.

* Para buscar revelaciones espirituales.

* Para observar ritos religiosos.

* Para llamar la atención hacia temas sociales.

* Para hacer más lento el proceso de envejecimiento.

Pero también hay personas que no deben ayunar. No deben hacerlo quienes sufren estas afecciones:

* Enfermedades cardíacas, especialmente una predisposición a la trombosis.

* Tumores.

* Úlceras sangrantes.

* Cáncer.

* Enfermedades de la sangre.

* Enfermedades pulmonares activas.

* Diabetes (juvenil).

* Gota.

* Enfermedades hepáticas.

* Enfermedades renales.

* Infarto de miocardio reciente.

* Enfermedades cerebrales.

* No es aconsejable para la mujer embarazada ni para la que acaba de dar a luz.

* Para los ancianos se recomienda precaución y siempre bajo un control médico.

1 Corintios 6:13-20

"El cuerpo...es...para el Señor...Vuestro cuerpo es templo del

Espíritu Santo...glorificad, pues a Dios en vuestro cuerpo."

Nuestro cuerpo <u>puede</u> glorificar a Dios. Puedo adorar a Dios con mi cuerpo pues mi cuerpo es bueno porque Él lo creó bueno. Puedo honrar a Dios con mi cuerpo y esto mediante un ayuno. Cuando uno se siente llamado a realizar un ayuno prolongado no te sorprendas de los comentarios negativos de tus familiares o amigos. Es muy común que otros no lo entiendan. Uno tendrá que hacer oídos sordos pues es preferible obedecer a Dios y no a los hombres.

Comer, por supuesto, es necesario para sustentar la vida, pero el aire, el agua y hasta el dormir son necesidades mucho más urgentes. El organismo no puede vivir más que unos pocos días sin tomar agua o dormir, pero en circunstancias normales puede sobrevivir en forma completamente satisfactoria durante varias semanas sin ingerir alimentos.

Un Ayuno Prolongado y Sus Fases

Durante un ayuno prolongado el organismo vive de las grasas sobrantes y al mismo tiempo actúa como un incinerador interno, quemando los desechos y los tejidos muertos del cuerpo. Sólo cuando este proceso de purificación haya terminado es que empiezan a consumirse las células vivas y es entonces cuando comienza la inanición. ¿Cómo se puede saber cuándo se llega a este punto?

Por lo general se pueden distinguir tres fases a través de las cuales pasa el organismo durante el ayuno prolongado; estas no siempre están bien definidas pues tienden a superponerse y la duración de cada una varía grandemente con cada individuo.

La primera etapa

Esta etapa describe los dos o tres primeros días. Esta etapa se caracteriza por una excitación inicial de hambre. Los reflejos secretorios y vasculares condicionados y no condicionados se acentúan de modo agudo. El reflejo leucocitosis, condicionada por los alimentos, se incrementa de manera considerable, y el electroencefalograma muestra actividad eléctrica intensificada en todos los electrodos con un predominio de ritmos veloces. Los procesos excitativos se aumentan y los de inhibiciones activas se debilitan relativamente.

La segunda etapa

Esta etapa abarca desde el segundo o tercer día y se extiende hasta dos semanas. Esta etapa es caracterizada por una sensación de debilidad y desfallecimiento que puede prolongarse durante los primeros días de la etapa. Es cuando cada movimiento del cuerpo parece requerir mucha fuerza de voluntad. Realmente esta es la parte más difícil del ayuno y algunos quizá necesiten descansar muchísimo. La desaparición gradual de esta sensación de debilidad es un indicio de que el organismo ha eliminado sus desechos más grandes y las toxinas.

Este es un tiempo de acidosis creciente. Se caracteriza no sólo por una excitabilidad cada vez mayor de todos los sistemas relacionados con la nutrición sino también por hipoglucemia y la depresión psicomotora general. Se pierde el apetito, la lengua se cubre con una película tenue, y su aliento adquiere el olor de acetona. No pueden provocarse reflejos condicionados y los no condicionados disminuyen en forma considerable. La leucocitosis refleja, condicionada por los alimentos, se reduce agudamente. El electroencefalograma muestra una reducción de la actividad eléctrica.

En esta fase la inhibición prevalece sobre los procesos excitativos. Esta reducción en excitación se extiende al córtex y produce un estado de inhibición similar al sueño pasivo motivado por el bloqueo de estímulos. La segunda etapa termina de modo súbita en una 'crisis' de acidosis.

La tercera etapa

Esta etapa es la más fácil pues ahora se van recobrando las fuerzas y se siente poco o nada de preocupación por la comida y los espasmos de debilidades son esporádicos y van decreciendo. Es en este momento que el que ayuna, con frecuencia siente que podría continuar su ayuno indefinidamente y sin ningún gran esfuerzo.

Esta etapa principia cuando disminuye la acidosis. La lengua pierde gradualmente su cobertura blanca y el olor de acetona desaparece. Los reflejos secretorios y vasculares no condicionados permanecen disminuidos y los condicionados, incluyendo el reflejo leucocitosis, están ausentes. Sin embargo, para la terminación de la etapa tercera, cuando la lengua está limpia por entero y el apetito restaurado, los reflejos secretorios y vasculares aumentan.

La conclusión de esta fase final la señalan los dolores de hambre que indican que el proceso de eliminación ha terminado y que ahora el organismo comienza a extraer de los tejidos vivos. Generalmente esto sucede después de cuarenta días.

Es importante que diferenciemos entre el deseo (apetito) de comer y lo que es un hambre genuino. La sensación que podemos sentir de vacío o debilidad, el roer en la boca del estómago y otros síntomas que se experimentan en el comienzo del ayuno, raramente son señales de hambre verdadera - no es más que un deseo de comer resultante del largo y continuado hábito de comer tres veces por día, y en forma ininterrumpida durante 365 días al año.

Cuando el estómago de pronto se ve privado de lo que ha estado acostumbrado a recibir como si fuera su derecho, tiende a quejarse como un niño malcriado al que le niegan su caramelo después de la comida. Por otra parte, el hambre verdadera es un grito de todo el cuerpo, que resulta no de una costumbre, sino de una necesidad. Podemos decir entonces, que el mero apetito se relaciona con el 'deseo' inmediato del estómago y el hambre verdadera es la necesidad real del organismo.

¿Cómo sucede que uno, sin comer absolutamente nada por muchos días, no tenga sensación de hambre? Cuando el estómago está acostumbrado a recibir alimento, los jugos gástricos y el sistema digestivo permanecen en su estado de estímulo - mientras está digiriendo, todavía el último alimento que comió, su paladar ya está aguardando más comida.

Cuando se abstiene absolutamente de comer, el cuerpo acelera la producción de un compuesto orgánico llamado cetonas. Estas, que son productos de la descomposición de ácidos grasos, son liberados en el torrente circulatorio, a medida que aumentan en cantidad, y suprimen el apetito. Durante un ayuno de alrededor de un mes, el hambre auténtico ocurre cuando el cuerpo comienza a consumir sus proteínas. El regreso del hambre, hambre normal, natural o distintiva, se interpreta, por lo general, como una señal de que es tiempo de comenzar la dieta de realimentación.

Si ayunas por unos cuantos días o por una semana, no estás hambriento genuinamente cuando interrumpes el ayuno en forma voluntaria. Aunque es agradable comer (y la comida nunca supo tan bien), sentirás que pudiste haber seguido tu ayuno sin molestias. Sabes que fue una elección y no un hambre devorador, lo que provocó que lo dieras por terminado.

El hambre no es acumulativo. Si evitas comer por uno o dos o por cinco días o incluso un mes, no serás castigado por un apetito insaciable que no será apaciguado hasta que se hayan comido todos esos alimentos perdidos. Tendrás apetito, pero no sensaciones de estar famélico. Comerás más inteligente y selectivamente que antes de tu ayuno.

Puesto que los cuerpos de los creyentes son los templos del Espíritu Santo, debemos glorificar a Dios con ellos. ¿Será glorificado Dios cuando estamos débiles o enfermos por haber descuidado las leyes divinas que regulan nuestro bienestar? ¿Recibirá gloria Dios cuando somos víctimas de una lucha a través del excesivo trabajo, la excesiva alimentación o la falta de alimento y cuando no le brindamos el día de descanso y la tranquilidad necesaria?

El Ayuno para Salud y Sanidad

Aunque el aspecto espiritual de este tema es de mucha importancia, con seguridad que la necesidad del organismo y la salud y el bienestar son aspectos que también deben preocuparnos. Nuestra condición física con frecuencia puede ejercer influencia en nuestra vida espiritual y de una manera mucho más importante de la que nosotros pensamos.

Desde la antigüedad el ayuno ha sido considerado un poder curativo. Plutarco, que vivió 46-120 DC, escribió:

"En vez de tomar remedios, ayune un día."

En esta era de tanta actividad, cuando las crisis nerviosas y orgánicas, aun entre los cristianos profesantes, están llegando a ser demasiado corrientes, el valor físico del ayuno que Dios ha escogido se convierte en algo de suma trascendencia. Tenemos en el ayuno una provisión divina para la salud y la sanidad, para la renovación de la mente y el cuerpo. No está en los planes de Dios que estemos enfermos. Dios desea que estemos sanos (3 Juan 2).

Se ha dicho que existe gran cantidad de enfermedades que tienen su origen en la abundancia y que se podrían eliminar con un ayuno. Sin duda hay muchas enfermedades que podrían evitarse, o mejor aún prevenirse y gozar de un mejor estado físico si se practicara el ayuno junto con una mejor manera de alimentarse. Inconsciente de esto, ¡el hombre sigue cavando su propia fosa con el cuchillo y el tenedor!

Algunos beneficios en el cuerpo

Un ayuno produce una mejora en nuestra salud y a veces se produce la sanidad mediante el ayuno. También el cuerpo se rejuvenece. Se produce como una limpieza general en el cuerpo. En este proceso de depuración están involucrados los poros de la piel, la lengua, los pulmones, los riñones, el hígado y por supuesto, los intestinos también. El gusto desagradable en la boca, la lengua saburrosa (una capa blanquecina que cubre la lengua por efecto de una secreción mucosa) y el mal aliento, todo, es parte de este proceso.

No vamos a decir que el ayuno es cosa fácil o agradable ni tampoco algo que podemos disfrutar - siempre será un sacrificio pues es una ofrenda a Dios. El ayuno es una medicina tanto para el cuerpo como para el espíritu. Se puede comparar cuando estamos enfermos y debemos tomar un remedio de sabor asqueroso. El remedio es feo pero nos hace bien.

Molestias

Es normal sentir dolor de cabeza durante el ayuno, especialmente al principio. Por lo general esto resulta de la reacción del organismo por la súbita falta de té y café, pues el cuerpo se debe acostumbrar a la privación de la cafeína y teína contenida en estas bebidas. El dolor de cabeza puede provenir de otras causas también. Es posible que se produzca insomnio, periodos de incomodidad abdominal, mareos y por supuesto, que se experimente debilidad.

Muchos de los beneficios del ayuno ya los mencionamos anteriormente. Los sentidos, en especial el gusto y el olfato, tienden a vivificarse y a agudizarse en tanto que las facultades mentales se tornan notablemente más claras y activas durante un ayuno.

Cómo Empezar un Ayuno

No es aconsejable empezar con un ayuno prolongado pues, como en todas las cosas hay un proceso de acostumbramiento; el organismo se va habituando al ayuno en forma gradual y por lo general Dios no nos va a pedir que corramos antes de que hayamos empezado a caminar.

Tal vez quieras comenzar con un ayuno de un día o un ayuno parcial para luego extenderlo a un ayuno de más días.

Algunos encuentran provechoso comer sólo fruta el día previo al comienzo de un ayuno. Un experto en el tema, el Dr. Otto Buchinger, apoya esta idea, señalando que es beneficioso porque la fruta fermenta menos que otras comidas.

Antes de comenzar el ayuno también se recomienda menguar de a poco la ingesta de té, café, o alguna otra bebida que contenga cafeína o teína, para así librarse de los dolores de cabeza que pueden resultar por la privación de aquellas sustancias.

Recuerda que cuanto más prolongado sea el ayuno que tienes pensado, más seguro necesitas estar que es Dios quien te ha llamado a hacerlo.

Tal vez las siguientes preguntas, basadas en lo que hemos expuesto anteriormente, te sean de ayuda:

1. ¿Tengo la certeza de que este deseo de ayunar proviene de Dios? ¿Querrá Él que lleve a cabo un ayuno normal o tan solo parcial?

- *"Jesús fue llevado por el Espíritu al desierto"* - y no por su propio impulso.

2. ¿Son correctos mis motivos? ¿Habrá un deseo oculto de impresionar a otros?

- *"Tu Padre que ve en lo secreto te recompensará"* - pues Él conoce todas las cosas, incluso lo más íntimo de ti y Él no puede ser engañado.

3. ¿Cuáles son los objetivos espirituales que persigo en este ayuno?

* Santificación personal o consagración.

* Intercesión. Por qué cargas en especial.

* Intervención divina.

* Obtener la guía del Señor.

* Una bendición.

* La plenitud del Espíritu para mí o para otros.

* Para liberar a los cautivos.

* Para aplazar la ira divina.

* Para traer avivamiento.

- *Prosigo hasta la meta"* - me esfuerzo para conseguir lo que está en el corazón.

4. Mis objetivos, ¿tienden a ser egocéntricos? Mi deseo de bendición personal, ¿está equilibrado por una sincera preocupación por los demás?

- *"Ninguno busque su propio bien sino el del otro."*

5. Por sobre toda otra cosa, ¿tengo la determinación de ministrar al Señor mediante este ayuno?

- *"Ministrando estos al Señor, y ayunando."*

No te desalientes

Se debe esperar que este tiempo de ayuno sea para ti como lo fue para el Maestro: un tiempo de lucha con los poderes de las tinieblas. Con frecuencia Satanás tratará de sacar partido de tu condición física para lanzar un ataque. El desaliento es una de las armas que empleará.

Ponte en guarda contra el desaliento manteniendo un espíritu de alabanza. <u>Satanás siempre querrá hacernos pensar que no estamos logrando nada mediante el ayuno.</u> Pues no creas esa mentira. El hecho que no veas nada o no sientas nada, no significa que nada esté sucediendo. Pues te aseguro que mucho está sucediendo, no tanto en la tierra sino mas bien en los lugares celestiales, en el reino espiritual.

<u>Un ayuno nunca será sin resultados positivos.</u> No te desalientes si aún después de terminar un ayuno, no ves los resultados que esperabas. Si el ayuno tiene la motivación correcta, siempre, siempre habrá grandes resultados – tal vez no de la manera que tu esperabas ni en el tiempo que lo deseabas pero las respuestas están en manos de Dios y Él hace cómo y cuándo Él sabe es mejor. En fe sabemos que hemos logrado mucho. No te limitas al tiempo – tu ayuno puede tener su respuesta en cierto tiempo en tu futuro. Dios lo ve todo y está fuera de nuestro tiempo.

En todos los aspectos de nuestra vida el diablo querrá infundirnos desaliento y frustración y hacernos sentir como inútiles y estúpidos en lo que hacemos para Dios. Más aún en este ejercicio espiritual que conlleva tantos frutos positivos y tanta bendición.

Es imprescindible no escuchar esos pensamientos

negativos que vienen a tu mente.

No cometas el error de juzgar la eficacia de la intercesión por cómo te <u>sientes</u>. Con frecuencia en tiempos de oración y ayuno, nos encontramos que todo resulta más difícil en lugar de más fácil y nos parecerá que experimentamos más bien menos que más libertad. Por lo general así ocurre cuando <u>están sucediendo más cosas</u> en lo espiritual. Esto es lucha, es guerra celestial.

El diablo querrá engañarnos haciéndonos pensar que el ayuno no sirve de nada porque no vemos nada o porque no sentimos nada especial o porque no experimentamos ninguna revelación de lo alto. La fe no obra por lo que vemos o sentimos.

El Capitán no nos prometió un triunfo fácil, sino lucha, y ya te dio las armas para ganar la victoria. Con frecuencia no se verán los resultados sino hasta después, pero la promesa sigue siendo válida: *"Tu Padre que ve en lo secreto te recompensará. "* (Mateo 6:18)

Si estás seguro de que tu ayuno fue impulsado por el Señor y dentro de Su voluntad, tú simplemente has actuado en obediencia y la obediencia siempre, siempre lleva una recompensa. Tal vez no inmediatamente pero verás con seguridad sus frutos. Varias veces me he visto en alguna situación buena, o después de alguna respuesta favorable y he pensado: esto es debido al ayuno que hice hace años.

Los resultados de tu ayuno no tienen límite para el

Señor. Nosotros desconocemos todo lo que puede lograr un ayuno, especialmente un ayuno prolongado. Nosotros simplemente obedecemos el impulso del Señor a realizarlo sabiendo que Él obra todo lo que está dentro de Sus propósitos. Por eso, los resultados del ayuno se podrán ver aún muy lejos en el futuro porque Dios no está limitado por el tiempo. Por lo tanto, no te desanimes si no ves o sientes nada después del ayuno. Confía en el Señor, sin ver, porque Él no es deudor de nadie y te dará más de lo que te imaginas. Tu obediencia tiene grandes, grandes resultados.

No te dejes engañar por la astucia del enemigo que quiere desanimarte y anular lo que has conseguido por medio de tu ayuno, haciendo que decaiga tu fe. Será de ayuda leer Efesios capítulo 6 y apropiarse de toda la armadura de Dios, de este modo serás invulnerable a las estrategias de Satanás.

Efesios 6:10-18

"Y ahora, hermanos, busquen su fuerza en el Señor, en su poder irresistible.

Protéjanse con toda la armadura que Dios les ha dado, para que puedan estar firmes contra los engaños del diablo. Porque no estamos luchando contra poderes humanos, sino contra malignas fuerzas espirituales del cielo, las cuales tienen mando, autoridad y dominio sobre el mundo de tinieblas que nos rodea.

Por eso, tomen toda la armadura que Dios les ha dado, para que puedan resistir en el día malo y, después de haberse preparado bien, mantenerse firmes.

Así que manténganse firmes, revestidos de la verdad y protegidos por la rectitud.

Estén siempre listos para salir a anunciar el mensaje de la paz.

Sobre todo, que su fe sea el escudo que los libre de las flechas encendidas del maligno.

Que la salvación sea el casco que proteja su cabeza, y que la palabra de Dios sea la espada que les da el Espíritu Santo.

No dejen ustedes de orar: rueguen y pidan a Dios siempre, guiados por el Espíritu. Manténganse alerta, sin desanimarse, y oren por todo el pueblo santo." (DHH)

De manera especial debes usar el escudo de la fe para apagar todos los dardos de fuego del maligno. En tu combate usa la espada del Espíritu y dile a Satanás: *"Escrito está...."* declarando la victoria del gran Capitán sobre todo principado y potestad.

Todo el mérito es del Señor

Te ayudará saber el próximo dato. Después de realizar varios ayunos, y probablemente ayunos prolongados, tal vez te des cuenta, un día, que no puedes terminar ni un sólo día de ayuno. No te preocupes, ya que no eres la única persona que ha tenido esta experiencia.

Creo que lo que Dios quiere que aprendamos es que si

no fuera por Él, nosotros no podemos ayunar ni un sólo día. Ha sido en Su poder que hemos podido realizar todos los demás ayunos.

Sólo Él merece la gloria y no nos permitamos en ningún momento pensar que hemos tenido algo que ver con ese logro. Todo es por Él. Nosotros no podemos hacer nada sin Él. Y lo necesitamos para lograr aún unas pocas horas de ayuno.

Cómo Romper un Ayuno Prolongado

Se debe ejercer precaución en este periodo debido a que han ocurrido dos cosas muy importantes en el aparato digestivo durante el tiempo del ayuno: el estómago se ha ido contrayendo lentamente de manera que para cuando se concluya el ayuno no tendrá la misma capacidad que antes para recibir alimentos y hasta la más pequeña cantidad de comida que se ingiera hará que la persona se sienta llena.

Además, los órganos del cuerpo, que por lo general están consagrados a la tarea de asimilar la comida, se han valido de este 'descanso' y se encuentran sumidos en una especie de letargo que se hace más y más intenso a medida que se prolonga el ayuno.

A causa de esto, cuando uno vuelve a comer, es

necesario tener cuidado respecto de <u>cuánto</u> se come, <u>lo que</u> se come y <u>la manera</u> en que se come. El estómago necesita tiempo para volver a su tamaño normal, aunque quizá este pueda ser menor que lo que era antes del ayuno. El aparato digestivo también debe ser llevado, con vigilancia y atención, a un despertar lento después de un descanso prolongado.

Por eso el proceso de romper un ayuno, en especial un ayuno prolongado, también debe ser algo prolongado.

No cometas el error de querer comer carne el primer día después de un ayuno prolongado. La carne es difícil de digerir y tendrás muchas molestias si rompes el ayuno así. Es importante aquí la auto-disciplina y el auto-control.

Generalmente se rompe un ayuno normal (agua sola) con jugo de frutas o vegetales. La fruta puede ser cítricos, manzana o uva. Se puede empezar con pequeñas cantidades y luego ir aumentando.

El segundo día se puede comer verduras, ensaladas, galletitas de agua.

El tercer día agregar los lácteos, el queso y huevo.

Y para el cuarto día recién comer carne o pescado.

La manera de aumentar la dieta, tanto en variedad como en la cantidad, depende de cuánto haya durado el ayuno y la forma en que nota que el organismo va asimilando la nueva ingestión de alimentos.

Es de muchísima importancia que la comida sea ingerida lentamente y se la mastique bien. A la primera sensación de sentirse satisfecho se debe dejar de comer, aun cuando no haya terminado la porción. El malestar que sigue a una comida puede considerarse como una indicación de que se debe ir despacio, y si es necesario, se debe pasar por alto la comida siguiente. Es aquí donde es necesaria la disciplina.

También es importante descansar tanto como sea posible a fin de que el organismo se concentre en el proceso de digestión y asimilación.

Por último, ten presente estas reglas útiles:

* Vigilar las cantidades.

* Comer despacio y masticar bien.

* A la primera señal de advertencia hacer a un lado la comida.

* Descansar tanto como sea posible.

* No tratar de esforzarse mucho, demasiado pronto.

Conclusión

Para concluir quisiera recordar a Esaú, el primogénito de Isaac, quien como tal, tenía una gran heredad: la bendición del primogénito que le daba el derecho de ser sacerdote de la familia ante Dios y así intercedería por su familia ante Él. Pero un día tuvo hambre, mucho hambre, y cuando vio comida prefirió satisfacer su hambre y no recibir lo más grande que pudiera haber recibido de Dios: la bendición del primogénito (Génesis 25:27-34).

Ahora, Jacob su hermano, no era perfecto, pues era bastante tramposo pero había algo que lo diferenciaba de Esaú y eso era que Jacob sí deseaba la bendición del primogénito. Lo deseaba más que cualquier cosa; había algo en él que buscaba a Dios.

Más tarde cuando él tiene un encuentro personal con el Dios vivo, (Génesis 32: 22-32), vemos que lucha y sigue luchando, pues no está dispuesto a que Dios lo deje sin que lo bendiga. Y así sucedió, Jacob recibió esa bendición tan importante para él, pues estuvo dispuesto a jugarse.

¿Eres un Esaú o eres un Jacob? ¿Estás dispuesto a sacrificarte por tener un encuentro con el Dios vivo y real? Ahora, es tiempo que des ese paso.

Mi Propio Testimonio

Quiero agregar mi propia experiencia del ayuno por si puede aportar alguna bendición al lector.

Mi esposo, José, y yo hacía un poco más de diez años que pastoreábamos una iglesia. Decidí en aquel tiempo ayunar por un día, tres veces a la semana. Ayunar para mí siempre ha significado no comer y tan sólo beber líquidos.

No era la primera vez que ayunaba pues también ayuné tres veces a la semana al comienzo de nuestro tiempo en el pastorado.

Pero ahora tuve nuevamente el deseo de ayunar, impulsada por querer un mayor acercamiento al Señor, por más unción en el ministerio para ser más efectivos en la obra, y principalmente oraba por mi esposo y la tarea dura que le enfrentaba como pastor - para que fuese e hiciere todo lo que estaba en los planes de Dios.

En ese tiempo me llegó el testimonio de una gran misionera, Gwen Shaw quien descubrió, por el testimonio de otro misionero, que un ayuno prolongado era el secreto de la unción de Dios para ser más efectivo para el Reino. (Su vida y ministerio mundial posterior son testimonio de la fidelidad de Dios en su vida).

Sentí que el ayuno prolongado era la llave de lo que mi alma buscaba y decidí hacer un ayuno de 21 días. Un ayuno continuado, sin probar bocado, solamente con líquidos y caldo; con azúcar o miel para tener la energía necesaria para enfrentar todas las actividades cotidianas ya que debía atender también a mis cuatro hijos.

A los pocos días José también se unió conmigo para ayunar. Antes de empezar el ayuno oramos, pidiendo al Señor que tome control de nuestro sistema digestivo para controlar el hambre y que el ayuno sea dirigido por Él porque era para Él. Este es un paso muy importante porque así no dependemos de nuestras propias fuerzas para lograr algo difícil y la gloria va toda al Señor.

(No logramos nada jactándonos de poder ayunar. No es ningún mérito nuestro. La gloria y el mérito siempre tienen que ser para el Señor. Esto lo he visto claramente cuando en otras oportunidades me ha costado muchísimo completar aún un solo día de ayuno.)

Cuando la motivación del ayuno es correcta y cuando sabemos que Dios desea que ayunemos, tenemos todo Su respaldo y Él lo hace mucho más fácil. Después del tercer día ya no tenía hambre o malestar. Mi mente no pensaba en comida y por lo tanto no lo deseaba, a pesar que debía cocinar para mis hijos.

Después de una semana de haber iniciado el ayuno el Señor nos invitó, por separado, a extender el ayuno a 30 días. Me prometió a mí la bendición plena y a José poder obrar en la unción del Espíritu Santo. Nosotros queríamos 'todo' así que aceptamos e hicimos los 30 días.

No experimenté debilidad, aunque José sí pasó algunos días de debilidad, ya que cada cuerpo es distinto. Tuve fuerzas para hacer todas las cosas. Como dije antes, cuando es un ayuno impulsado por Dios mismo, Él proporciona la ayuda y fuerza necesaria y sobrenatural.

Tener mal aliento es normal. Generalmente la mente está más alerta. No te hará falta dormir la siesta porque tu cuerpo no está ocupado digiriendo la comida. También hemos comprobado que es más difícil ayunar en invierno o en temperaturas bajas porque el cuerpo siente mucho más frío.

Ya han pasado muchos años, ese no fue el único ayuno prolongado, y Dios ha sido fiel. Estoy segura que ese primer ayuno prolongado marcó una diferencia en nuestras vidas y nuestro ministerio. Deseábamos más de Dios, hicimos un sacrificio y Él lo honró y lo sigue honrando porque Él nos da más de lo que podemos imaginar.

Ayunos en la Biblia

Ayunos varios

Jueces 20:26
El pueblo de Israel ayuna hasta la noche par inquirir de Jehová en la lucha contra la tribu de Benjamín.

1 Samuel 1:7, 8
Ana se niega a comer por tristeza

1 Samuel 20:34
Jonatán se niega a comer por tristeza debido al comportamiento de Saúl con David.

1 Reyes 13:1-22
Dios instruye a un profeta a no comer ni beber durante su misión a profetizar contra la idolatría de Jeroboam.

1 Reyes 21:4
Acab rehusa comer por tristeza después que Nabot se niega vender su viñedo.

1 Reyes 21:27-29
Acab ayuna en arrepentimiento después de ser reprendido por Elías.

2 Crónicas 20:3
Josafat proclama ayuno en todo Judá para buscar el rostro de Jehová.

Esdras 8:21-23
Esdras proclama ayuno a todo el pueblo para protección durante el viaje a Jerusalén.

Esdras 10:6
Esdras no come ni bebe debido a su luto por la infidelidad de los exiliados.

Nehemías 1:4
Nehemías ayuna durante días por Jerusalén y en arrepentimiento.

Nehemías 9:1
El pueblo de Israel se convoca en ayuno para confesar su pecado después de que Esdras les leyera la ley.

Ester 4:3
Los judíos lloran y ayunan al saber del decreto del rey para su destrucción.

Job 3:24; 33:19, 20
Eliú le sugiere a Job que sufre y no puede comer por

ser disciplinado por Dios.

Salmo 35:13
David defiende su honor al admitir que ayunaba y oraba cuando sus enemigos estaban enfermos.

Salmo 42:3
El salmista (hijos de Coré) dice que las lágrimas fueron su comida de día y de noche.

Salmo 69:10
El ayuno, como también las lágrimas y la oración de David fueron menospreciados por sus enemigos.

Salmo 102:4
El salmista se olvida comer por su gran dolor y aflicción.

Salmo 107:17,18
Cuando personas en gran angustia no han comido, Dios les ha escuchado su clamor.

Salmo 109:24
David se ha debilitado a causa de sus ayunos.

Isaías 58:3-6
Los ayunos del pueblo judío no son escuchados por su hipocresía.

Jeremías 14:12
Los ayunos del pueblo judío no son escuchados por su hipocresía.

Jeremías 36:6-9
El pueblo de Judá es convocado en ayuno y Baruc les

lee la profecía de Jeremías.

Ezequiel 24:18
Se le dan instrucciones, que incluye un ayuno, a Ezequiel por la muerte de su esposa.

Joel 1:14
Joel proclama ayuno en toda la tierra debido a la sequía que destruye la tierra.

Joel 2:12-15
Jehová pide que el pueblo vuelva a Él con ayuno y corazones humillados. Joel proclama nuevamente un ayuno.

Jonás 3:5
La ciudad de Nínive ayuna en arrepentimiento por la prédica de Jonás.

Zacarías 7:5
Jehová reprende a los sacerdotes por sus ayunos hechos por vanagloria.

Zacarías 8:19
Jehová transformará los ayunos de rituales en fiestas de gozo cuando su pueblo se haya arrepentido de pecado.

Mateo 6:16-18
Jesús enseña que el ayuno debe ser hecho en privado y no con el propósito de ser visto, como los hipócritas.

Mateo 9:14, 15; Marcos 2:18-20; Lucas 5:33-35
Jesús les dice a los discípulos de Juan que no ayunan sus discípulos porque el novio está aun con ellos pero que lo harán cuando el novio ya no esté.

Mateo 17:21; Marcos 9:29
Jesús enseña que este tipo de demonio sólo sale por medio de la oración y el ayuno.

Lucas 2:37
Ana sirve en el templo día y noche con ayunos y oración.

Lucas 18:12
El fariseo en la parábola de Jesús se jacta de que ayuna dos veces por semana.

Hechos 10:30
Cornelio estaba orando y ayunando cuando el ángel le instruye a buscar a Pedro.

Hechos 13:2, 3
Los profetas y maestros de Antioquía estaban ministrando al Señor en ayunas cuando el Espíritu Santo les habló.

Hechos 14:23
Pablo y Bernabé nombran ancianos en las iglesias después de orar y ayunar.

Hechos 23:12
Ciertos judíos se comprometen por juramento a no comer ni beber hasta que maten a Pablo.

Hechos 27:9
El viaje de Pablo a Roma se lleva a cabo después de haber terminado el ayuno, haciendo referencia al día de expiación.

2 Corintios 6:5; 11:27
Pablo agrega sus ayunos cuando da una lista de las dificultades que ha padecido como marca de su apostolado.

Ayuno de 1 día

1 Samuel 7:6
El pueblo de Israel ayuna por un día por arrepentimiento.

1 Samuel 14:24-26
Saúl hace jurar al ejército no comer hasta la noche antes de entrar en batalla.

1 Samuel 28:20
Saúl no come nada por un día y una noche antes de consultar en Endor.

2 Samuel 1:12
Los hombres de David ayunan hasta la noche al enterarse de la muerte de Saúl y Jonathan.

2 Samuel 3:35
David rehusa comer hasta la noche al saber de la muerte de Abner.

1 Reyes 21:9-12
Jezabel proclama un día de ayuno (falso) para acusar a Nabot de maldecir a Dios.

Ester 9:21-32
La fiesta de Purim con ayuno es establecida.

Daniel 6:18
El rey Darío se abstiene de comer y dormir, como así de entretenimiento durante la noche al estar preocupado por Daniel en la fosa de leones.

Daniel 9:3
Daniel ayuna y se arrepiente por el pecado del pueblo al cumplirse la profecía de las setenta semanas.

Ayuno de 3 días

Ester 4:16
Ester, con sus doncellas y los judíos de Susa, ayunan sin alimento ni bebida durante tres días antes que se presente ella delante del rey.

Hechos 9:9
Saúl ayunó durante tres días sin comer ni beber después de la experiencia en el camino a Damasco.

Ayuno de 7 días

1 Samuel 31:13; 1 Crónicas 10:12
Los hombres de Jabes ayunan siete días después de recuperar los cuerpos de Saúl y Jonatán.

2 Samuel 12:16-23
David ayuna siete días durante la enfermedad de su hijo.

Ayuno de 14 días

Hechos 27:33
Pablo alienta a la tripulación a comer después de haber ayunado durante 14 días.

Ayuno de 21 días

Daniel 10:2, 3
Daniel se priva de todo manjar, de carne y de vino durante tres semanas.

Ayuno de 40 días

Éxodo 24:18; 34:28; Deuteronomio 9:9, 18; 10:10
Moisés ayunó sin comer ni beber durante 40 días en dos oportunidades en el Monte Sinaí por el pecado del pueblo.

1 Reyes 19:8
Elías ayuna durante 40 días después de ser fortalecido por un ángel.

Mateo 4:2; Lucas 4:2
Jesús ayuna cuarenta días en el desierto sin comer, siendo tentado por el diablo.

Bibliografía

"El Ayuno Escogido Por Dios" por Arthur Wallis. Editorial Betania

"El Ayuno del Señor" por Yiye Ávila

"Tu Cita Con Dios" por Gwen Shaw. Editorial Engeltal Press

"El Ayuno, La Máxima Dieta" por Dr. Allan Cott

"La Biblia de Referencia de Dake"

Estimado Lector

Nos interesa mucho tus comentarios y opiniones sobre esta obra. Por favor ayúdanos comentando sobre este libro. Puedes hacerlo dejando una reseña en la tienda donde lo has adquirido.

Puedes también escribirnos por correo electrónico a la dirección info@editorialimagen.com

Si deseas más libros como éste puedes visitar el sitio de **Editorialimagen.com** para ver los nuevos títulos disponibles y aprovechar los descuentos y precios especiales que publicamos cada semana.

Allí mismo puedes contactarnos directamente si tienes dudas, preguntas o cualquier sugerencia. ¡Esperamos saber de ti!

Más Libros de Interés

Ángeles en la Tierra - Historias reales de personas que han tenido experiencias sobrenaturales con un ángel

Este libro no pretende ser un estudio bíblico exhaustivo de los ángeles según la Biblia – hay muchos libros que tratan ese tema. Los ángeles son tan reales y la mayoría de las personas han tenido por lo menos una experiencia sobrenatural o inexplicable. En este libro de ángeles comparto mi experiencia, como así también la de muchas otras personas.

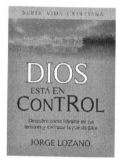

Dios está en Control - Descubre cómo librarte de tus temores y disfrutar la paz de Dios

En este libro, el pastor Jorge Lozano, quien nació en México y vive en Argentina desde hace más de 20 años, nos enseña cómo librarnos de los temores para que podamos experimentar la paz de Dios.

Promesas de Dios para Cada Día Promesas de la Biblia para guiarte en tu necesidad

Este libro te ayudará a conocer las bendiciones que Dios tiene para Sus hijos. También te ayudará a conocer lo que Dios espera de nosotros. Y si te encuentras en una situación apremiante, permite que Sus promesas te alienten para seguir creyendo en fe que nada es imposible para nuestro Dios fiel.

Gracia para Vivir - Descubre cómo vivir la vida cristiana y ser parte de los planes de Dios

Martin Field, teólogo del Moore Theological College en Sidney, Australia, nos comparte en este libro sobre la gracia que proviene de Dios. La misma gracia que trae salvación también nos enseña cómo vivir mientras esperamos la venida de Jesús.

Vida Cristiana Victoriosa - Fortalece tu fe para caminar más cerca de Dios

En este libro descubrirás cómo vivir la vida victoriosa, Cómo ser amigo de Dios y ganarse Su favor, Lo que hace la diferencia, Cómo te ve Dios, Cómo ser un guerrero de Dios, La grandeza de nuestro Dios, La verdadera adoración, Cómo vencer la tentación y Por qué Dios permite el sufrimiento, entre muchos otros temas.

Una Ventana Abierta en el Cielo - Un comentario bíblico del Apocalipsis de San Juan

¿Qué pasará con la humanidad? ¿Será destruído el planeta tierra? No hay dudas que nuestro planeta sufre los peores momentos. Ante una cada vez mas intensa ola de desastres naturales y la presente realidad de una sociedad resquebrajada moralmente. Surgen las preguntas: ¿Hacia dónde se encamina la humanidad entera? ¿Tiene su historia un propósito? ¿Dónde encontrar respuestas?

Made in the USA
San Bernardino, CA
26 June 2019